教育
发现

教育 EDUCATION
DISCOVERY 发现

觉者为师

寻找
不一样的教育

王维审／著

——我的教育叙事

山东文艺出版社

图书在版编目（CIP）数据

寻找不一样的教育:我的教育叙事/王维审著. —济南:山
东文艺出版社,2016.2
ISBN 978 - 7 - 5329 - 5163 - 5

Ⅰ.①寻… Ⅱ.①王… Ⅲ.①教育工作 Ⅳ.①G4

中国版本图书馆 CIP 数据核字(2015)第 318413 号

寻找不一样的教育
——我的教育叙事

王维审　著

主管单位	山东出版传媒股份有限公司
出版发行	山东文艺出版社
社　　址	山东省济南市英雄山路 189 号
邮　　编	250002
网　　址	www.sdwypress.com

读者服务	0531 - 82098776（总编室）
	0531 - 82098775（市场营销部）
电子邮箱	sdwy@ sdpress.com.cn

印　　刷	肥城源盛印刷有限公司
开　　本	710 毫米 × 1000 毫米　1/16
印　　张	18
字　　数	206 千
版　　次	2016 年 2 月第 1 版
	2020 年 6 月第 2 版
	2025 年 2 月第 3 版
印　　次	2025 年 2 月第 7 次印刷
书　　号	ISBN 978 - 7 - 5329 - 5163 - 5
定　　价	55.00 元

总　序

写作是困境里的光

　　如果回忆一下我的写作经历，大概在每一个节点上都与困境有关。

01

　　当我从村里的小学、村里的初中走出来，顶着满脑袋玉米穗花考进城里最好的高中时，除了新鲜、激动和情不自禁的感慨，剩下的就是紧张、胆怯和莫名的焦虑。那时候，乡村教育与城市教育相差很大，特别是英语这门学科，师资水平可以说是天壤之别：城里的初中有专业的英语老师，乡镇的初中则是招聘一些高考落榜生做英语老师，村里的初中根本就找不到懂英语的老师。比如，我们的英语老师就是一位教数学的民办老师转岗而来。他原本是一位复员军人，在部队上学过一些俄语，本着"英语、俄语都是外语"的原则，他就由数学老师变身为英语老师。他上午到镇上的初中听课学习，下午"现炒现卖"地教给我们，于是就有了那个时代农村学校普遍存在的"哑巴英语"——考试成绩还行，口语交际能力很不行。

以至于，在高中的第一节英语课上，我就因讲着一口蹩脚的英语而被全班同学嘲笑。从那以后，我就开始陷入农村孩子特有的自卑之中。这种自卑感就像病毒，一直蔓延到所有的课堂乃至整个高中生活。直到有一天，周五下午的作文课上，语文老师声情并茂地朗读了我的一篇作文，并给予了极高的评价。那洪亮而悠扬的声音，瞬间在我的心间散漫开来，就像寒冬里投过来的光，温暖又明亮。从那以后，我的作文经常被老师表扬，而写作带来的自信，也就成为我对抗自卑的坚强后盾。再后来，经常发表文章的我，甚至有了一种"东方不亮西方亮"、狭隘的自豪感。虽然这份自豪感未必是纯粹的正能量，也没有提供有助于生命改观的机会，但在彼时，它却显得尤为重要。

很多时候，我都会这样去想：如果没有文字的光亮，我会不会被那份自卑彻底淹没？如果没有写作的支撑，我能不能熬过那段难挨的时光？

02

读过我的书的人都知道，我走上教育写作的道路源于对一个问题学生的无奈：那是一个全校闻名的问题学生，以打架斗殴、挑衅老师权威为家常便饭。在我接手他们班级的第一天，他便直接向我发难，并叫嚷着"你不是我的对手"。在打也不能打、管也管不了、躲也躲不开的困境中，我写了一篇文章《我不是你的"对手"》，在班里公开"发表"，收到了意想不到的效果——那个学生接受了我的示弱，并慢慢成了我的教育合伙人。从此，我走上了教育写作的道路，通过记录班级生活、反思班级管理来提升自己的管理能力。其实，有写作经历的老师并不少，但是能够坚持下来的并不多，大多数老师往往是激情高昂地拿起了笔，但几周、几个月后便放弃了写作。毕竟，写作是一件清苦寂寞的事情，是一种努力一生也未必会有掌声的孤独之旅，如果没有强大的意志力作为支撑，一般人很难守住这份清苦。我之所以能够将写作坚持下来，并且坚持如此之久，其实也与人生的另一种困境相关。

做过老师的人都知道，教育是一件很难进行精确量化的工作，付出的多与少、质量的高与低并没有绝对的公平，再加上人为因素的干扰或介入，总会有人在评价中"吃亏"，甚至可能出现明显的"不公平"。也就是说，教育评价很难做到绝对的实事求是，不准确、不公平会长期存在，且不可避免。我们总是可以看到有些人付出的并不多，收获的却不少；也总是可以看到有的人做得足够好，得到的却寥寥无几。这其实是教育中的一种无奈，有些时候，"人情世故"往往大于"能力成绩"。

我是一个不善交际的人，在工作之余喜欢独处，极其讨厌各种无聊的应酬。其实，我并不是不懂人情世故，有时候我很清楚地知道此时应该示好，彼时应该示弱，但骨子里容不得自己流于世俗。也就是我经常说的：我知道，但我不喜欢。虽然我在工作中兢兢业业，成绩很突出，但在荣誉获得上总是被边缘化，特别是在较高层次荣誉的评比中，总会因各种人为设置的条条框框所淘汰。明明按照规定应该是我的荣誉，却又眼睁睁地看着到了别人手中，这是我在一线工作时的常态，如何确保在这种境遇里依然保持斗志？如何不被这种境遇所击破和打败？这是必须思考的问题。因为稍微一放松坚守，就有可能将自己推向躺平、放弃甚至摆烂，并且还会心安理得地接受这份自暴自弃——我足够努力，是生活对不起我。

在这样的境遇中，教师就需要具备营造"别处风景"的能力，在人生的缺憾上找到一种自我鼓励的方式。那时候，我的做法是沉浸于写作之中，一方面将自己的精力投入不断地思考与表达中，从而不自觉地漠视俗世里的竞争和抢夺；另一方面用自己在写作领域的成果抵消评价中的失败，利用阿 Q 式的精神胜利法慰藉自己——我发表了那么多文章，你呢？

03

在教学一线工作十八年后，我莫名其妙地被调入区教研室工作，一起调入的还有七位老师。这七位同事的工作职责很明确，就是担任各个学科的教研员，具体负责某一学科的教学研究工作。而我的工作很不清晰，因为我在学校是负责德育工作的，自己的研究领域也是德育，基本上跟教学教研不搭界。在调入教研室之后的前四年里，我基本处于到处"打零工"的状态，每天应付各种临时性工作。不仅"职"无定"责"，而且"工"无定所——我没有真正的办公场所，只能在他人科室的空闲办公桌上办公。万般努力之下，我终于争取到一间原设计为厕所，但一直作为杂物间使用的小屋，面积大约四平方米多一点，正好可以容下一张学生课桌、一把椅子。收拾一番后，我便拥有了自己的第一间办公室，虽然狭小且有一半被破旧报刊占据，但毕竟有了属于自己的独立空间。

在这个狭小的空间里，安静下来的我开始思索接下来该怎么办，应该如何突破目前的困境——没有自己的课堂，没有自己的班级，也不可能再去写坚持多年的教育叙事，我的路在哪里？思忖良久，我觉得写作依然是自己必须坚持的事情，也是走出当下境遇的重要方式。于是，我集中精力做了三件事情：一是开始撰写以思考为主的教育随笔，并将写作方向定位在教师成长上，并成功开启了教育随笔的专栏写作之路；二是开始对在一线时撰写的教育叙事进行梳理，顺利出版了"教师成长四书"，也就是"觉者为师"系列的前期作品；三是开始对一线工作时的优秀教育实践进行总结凝练，借助写作形成自己的教育理念——叙事教育。这三件事情都是以专业写作作为工具，以持续的坚持和努力作为动力，以抵御现实的困境为精神追求——当职业生涯中遭遇不堪时，教育写作可以缔造理想的大厦。

那段时间的沉默，让我对教师成长有了深刻的思考。以至于几年后，当我开始从事教师培训工作时，似乎有一种厚积薄发的感觉，我知道要去做什么，也知道应该怎么做。那段时间的"冷板凳"，让我在五年内完成了三项省规划课题的研究，不仅凝练出了自己的教育理念，也让我在教育科研领域有了自己的见解，所以在接手教育科研工作后，我并没有感觉到丝毫跨界工作的艰难和陌生，很快就在这个领域拥有了自己的话语权。人在职场，难免会遇到被雪藏、被忽视、被遗忘的困境，只要心中有所坚守，始终相信，那些用文字播下的光，终会照亮未来的路。

04

回看自己的整个职业生涯，就像是一个用密密匝匝的纠结交织成的困境：从临时代课教师到校办工厂工人，历史专业毕业却教了十八年的数学……我觉得自己始终存在于一个又一个错位的境遇之中，是对写作的坚守让我走到了今天，并留下了足以蔚藉过往艰辛的文字。

2016 年，《寻找不一样的教育》出版，这是我在山东文艺出版社出版的第一本书。自此以后，《做一个不再困惑的老师》《推开教育的另一扇窗》《做有故事的教育》《成为更好的老师》《做一个会成长的老师》等相继出版，相信以后还会有更多的作品面市……感谢山东文艺出版社给予我的帮助，这对于我来说既是一种真诚的信任，也是一份沉甸甸的勉励。

这个套系中的每一本书，每一篇文章，都是在某一个静谧的夜里，在一个个百思不得其解的豁然开朗之后，留下的思考和彼时的感悟。从这个意义上来说，写作就是一次次突破困境的心灵之旅：写一篇文章，突破的是小的纠结、即时的麻烦以及突发的困惑；写一本书，突破的是一段经历的颠沛、思想冲突的化解以及某个领域上的获得；写一生的文字，突破的是命运的尴尬、生活的困境以及对未来的重构……所以我说，写作是困境里的光，投射给我们的不仅是温暖，更是力量和远方。

前些天，责任编辑联系我，说打算把我在山东文艺出版社出版的这几本书做成一个系列，系统地归拢一下近几年的作品，并让我写一篇总序。于是，便有了上面的文字，也便有了这套文集。感谢所有的困境，让我留下了这么多美好的文字，让我的生命不断被照耀；感谢山东文艺出版社，让这些星星般微弱的光，长成了星空的样子，让更多的人被温柔以待。

王维审

2024 年 11 月 26 日

自 序

不一样的教育

莎士比亚说，世界是个舞台，每个人都要在上面演出一个角色。

其实，教育也是一个舞台，我们都在扮演一个相同的角色——教师。只不过这样的扮演，有的顺风顺水，有的磕磕绊绊，有的平常平庸，有的精彩精美。

庆幸的是，我们都没有选择放弃。

寻找

我似乎注定成不了名师，至少成不了评选出来的名师。

原因有三个。

其一，我读的小学是村子里的小学，初中是几个村子联合办的初中，都属于那个时期中国教育最底层、最薄弱的学校。教我的老师都是民办教师，"亦农亦师"的尴尬身份让他们更多地选择了农田和庄稼。他们都不讲普通话，既不会也不需要，自然，我的普通话也极其

"普通"。这对于靠语言表达为业的教师来说，无疑是一个"硬伤"，特别是在各级讲课比赛中，这个"硬伤"就显得尤为突出。

其二，工作十九年，我有十四年待在农村。当过临时工，做过校办工厂的工人，被剥夺过上课的权利，也曾经被"发配"到最偏远的联中。这样的日子不仅让我浪费掉了太多的时光，也平添了许多因怨天尤人而放弃努力的机会。即使在正儿八经开始做老师时，我的生存环境也极其贫瘠，并时时要经受一波三折的打击，以及接踵而至的种种不公平。可以说，我的教师生涯90%的时间，都充满着被"颓废"诱惑的可能。

其三，我学的是历史教育专业，却一直教的是数学学科，在十分讲究专业对口或者大致对口的中学教育中，我这种跨大文大理的老师不仅会在最现实的职称评审中受限，就连教师成长也大多会停滞在县区一级的骨干评选上。这是体制赐给我的"束缚"，而要挣脱这种束缚需要很大的勇气和力量。很多时候，这绝对会淹没一个人努力的方向和愿望。

总之，我并不具备在体制下获得成功的基本条件。如果我愿意，凭着这三点，我完全可以心安理得地混过教师生涯的每一天。但是，我却选择了用文字来安顿生命里的痛感，并试着通过教育写作让自己的精神与磨难一起扎根。在持续的写作中，我可以轻易透过喧嚣与热闹，开始一场场关于教育的冷静思考和深度感悟。在我的精神世界里，教育已经不再需要鲜花和荣誉，而只是一份宁静的守候；教育已经不再是职业手段，而是生活的一部分。有掌声，我会行走；没有掌声，我亦会行走。

在持续的写作中，我寻找到了自己的灵魂和依靠。迄今，我已经撰写了七百多万字的教育随笔，其中有一千多篇在《人民教育》等报刊上发表；应邀到各地做教育讲座一百多次，被多所学校聘为教师成长导师。近年来，我在《湖南教育》等四家杂志拥有了自己的教育随笔专栏，成为《教师博览》《班主任之友》等杂志的签约作者、优秀作者，担任多家教育杂志卷首语的特约撰稿人，并被《中国教师报》《今日教育》等媒体作为教师写作成长"样本人物"予以报道或进行封面人物介绍。

这一切，都是因为文字。

确认

教育是什么？

这个问题很难回答，不是因为没有答案，而是由于答案太多。在学生眼里，教育可以是枯燥的课堂，写不完的作业，沉闷的校园，压抑的教室，做不完的试题，尴尬的名次，瞌睡的晨读，被圈养起来的午休；在教师眼里，教育可以是学生的分数，教学成绩的排名，领导或犀利或期待的目光，一点点累积起来的荣誉，一场场比拼下来的名次，一步步攀升的称号；在校长眼里，教育可以是拿得出手的政绩，应付不完的检查，没完没了的评比；在家长眼里，教育是孩子的一生，自己没完结的理想，生命的一切，最舍得花钱的地方，最揪心的事情，最放不下的牵挂……

这一定都不是教育的根底，那么教育的根底在哪里？

我曾经以为，教育的根底就是把学生的成绩提高，把班级管理得井井有条，得到同事的羡慕、领导的认可、家长的追捧；也曾经以为，教育的根底就是以某种形式证明自己，评上优秀教师，获得荣誉称号，职称晋升得快一点，得到的东西多一些……因为有了这样的揣测，我的教育曾经一度"辉煌"，甚至是创造了很多教育的"奇迹"：高得令人瞠目的升学率，家长们纷纷送子女入班的热闹场面，班级学生爆满时"无奈中的荣耀"，班级管理"免于考核"直接定为一等奖的特权……但是，常年的教育叙事写作，让我习惯了追问教育"背后的故事"。

在我的教育故事里，有当年优秀生的最终失败，也有像单强一样虽不显贵却有着自己小幸福的普通学生的成功，有曾经因为我的一句话而学会了坚持和坚守的学生，也有因为一个微小的事件而改变人生轨迹的孩子……恰是这些故事，让我对教育有了更深层意义上的感悟：教育是种子的事业，它的成功与否需要时间的见证。多年以后，我在学生心中埋下的教育种子能不能开花结果，他们会因为我的教育而变得幸福还是窘迫，这才是最重要的。

在教育里，成功与失败的辨别也许不是一下子就能够明了的。可以肯定的是，在任何情况下，教育都不会只是知识的传授和传递。教育最长久的质量应该是在岁月流淌过的某一个角落，一个人对一群人说过的某段话，让彷徨与孤单中行走的人得到可以慰藉心灵的力量。

因为相信岁月，相信种子，我在流派纷呈的教育洪流中，确认了一种能够经得起时间评判的"常识"——教育就是帮助人慢慢获得成长的动力，慢慢完成对生命的体恤、对尊严的认同和对自我的成全。

简单地说，教育就是成长，以及帮助成长。

救赎

苏联一位将军曾经写过一首小诗：

鸟儿死去的时候，
它身上疲倦的子弹也在哭泣，
那子弹和鸟儿一样，
它唯一的希望也是飞翔。

这首诗没有题目，也许没有多少人会记得它，我却特别喜欢。在我看来，诗人是在探讨一种悲伤的相遇，而我一次次固执地认为，我们的教育也是一种相遇。它本该是一种怎样的美好？在简单而温馨、纯粹而神圣中，彼此温暖，相互成就。但现实呢？总有一种东西在师生中筑起一道厚厚的屏障，都在付出，都在痛苦，却无法逾越；总有一股力量操纵着课堂，操纵着教育，让师生在相遇中互相折损，筋疲力尽。最终，师生的相遇，成了一种痛苦和无奈，师生都成了需要救赎的人。

谁来救赎我们的教师？卢梭说："人生而自由，却无所不在枷锁之中。欲打破缠绕身心的诸多枷锁，不能一味指望别人，而要看自我是否拥有足够的打破枷锁、赢得解放的力量。"就像电影《肖申克的救赎》中的安迪一样，能够救赎我们的，只有我们自己。

做教育，当老师，只有心动了，才会有持久的行动，才会有不需要外力牵引的心甘情愿。这几年，随着社会的喧嚣对教师精神世界的介入和影响越来越多，教师承受了从未有过的压力和困惑，而这些压力和困惑慢慢变成了对教师的折磨，然后渐次转换成了对学生的折磨。知识多了，能力有了，相遇的痛苦却更多了，这是因为什么？很简单，我们忽略了对精神世界的涵养。

在我看来，一个教师能不能挡住迎面而来的烦恼，能不能成为学生灵魂的守夜人，能不能消解师生相遇中的种种疼痛，很多时候不是"能不能"的问题，而是"愿不愿"的问题。对于大多数教师来说，需要的就是那种打破枷锁、赢得自觉的力量。这份力量不会来自"教育专家"引领的"校本教研"，也不会来自被炒得沸沸扬扬的"专业发展"，更不会来自教育行政赋予的荣誉刺激，它只能来自教师自己内心的觉悟和觉醒。有了这样的觉醒，也就完成了教师的自我救赎。而我，这样一个起步羸弱的教师，就是在不断的教育叙事中寻找、确认了教育的本质，并在文字的帮助下完成了教育生命的自我救赎。

所以，我的教育是和别人不一样的，我也给了学生不一样的教育。我想把自己的这段经历写下来，送给那些和我一样执着生长着的草根们。我相信，在这本书里，你将要读到的不仅是丰盈的叙事，更是一种不一样的教育。

2015 年 1 月于羲之故里

寻找不一样的教育

目 录

第一章

推开教育的另一扇窗

　　教师进行教育叙事写作，不仅是为了戳破生活的真相，安顿生命里的痛感，更重要的是为了找到摆脱教育困惑的出口，寻找到属于自己的成长方向。

为生命擦亮一些日子

扫码听书

　　教育的本义，绝不仅仅是教师把自己所掌握的知识和技能传授给学生，更不是千方百计帮助学生获得分数，而是要把自己灵魂里的东西，在不经意间传递给学生。比如，善良、宽容、接纳和鼓励；再比如，人格和品性。

被刺痛，才会有挣扎的渴望

　　至今，我仍然相信：一个人只有真正被刺痛，才会有挣扎的渴望。

　　20世纪80年代，我遇见了最简单的教育。

　　在中国农村最底层的村小和联中，我读完了小学和初中，并以高分考进了市里的一所重点高中。到了城里的学校，贫瘠的起始教育带给我的成长缺陷一下子显露无遗。高中的第一节英语课，老师要求我们用英语介绍自己，从前到后，依次进行。前面同学的发言不断博得老师的夸赞，还有同学们热烈的掌声。轮到我的时候，班里的气氛已经达到了一个小高潮，同学们都用期待的目光等着我的发言。

"Good morning. I am glad to..."按捺住内心的激动，我尽可能平静地开始介绍自己。

"你这是哪国英语？跟哪个老师学的？从哪个山旮旯里贩卖出来的？"刚一开口，年轻帅气的英语老师便打断了我的发言。一连三个反问，把我的自卑一下子从内心最隐秘的地方扯了出来。

我读初中的那所学校很小，只有六个班级二百多个学生，是一所"档次"最低的村办联中，学校里根本没有懂英语的老师。当时为了跟上开设英语课的热潮，一位转业军人出身的数学老师，凭着会几句俄语的优势成了我们的英语老师。这是我至今最崇拜的一位老师，他一边自学，一边以"现买现卖"的方式教我们学习英语，并让我们在做试卷、挣分数的竞争中没有落后于其他人。但英语口语，却不折不扣地成了他和我们所有同学的"死结"——我们说的英语别人听不懂，别人说的英语我们也不懂，我们讲的是属于我们这个学校独特的"方言英语"。在这个满是城里孩子的教室里，从踏进来的第一天，我就感到了一种从未有过的自卑。这节课，更是把这种感觉赤裸裸地抛在了全班同学面前。

第一次懂得了自卑，在畏缩与躲避中成绩开始下滑，但骨子里疯长的要强与倔强，让我选择了以拼体力的方式去获得分数。最终的结果是，在高三的上学期，对学习极度恐惧的我不得不离开了学校，最终没能跳出农门。曾经以全镇第一名的成绩到城里读书的我，灰溜溜地回到了农村家中。

1991年春，父母托人给我找了一个在偏僻乡镇中学当临时代课教师的工作，每月工资28.5元。虽然身份卑微、待遇微薄，但我喜欢并热爱着这份工作。但是，在讲究身份和学历的学校里，一个临时工所面临的窘迫时时会把我逼到尴尬的角落：为了方便晚自习上课，我向学校申请教工宿舍，被总务主任告知，只有正式教师才能住教工宿舍；年轻气盛的我批评了学生几句，班主任老师安慰学生说，他是个临时工，不懂教育，别和他一般见识；教学成绩全乡第一，我却得不到任何荣誉奖励，这些只能给公办教师……

1993 年 3 月，我毅然离开了那所学校，结束了近两年的临时工生涯，到了一所学校复读。感恩我的老师，他接纳了我，并尽可能给了我单独的学习环境。在一个由废弃厕所改造成的单间宿舍里，我开始了吃住不出门的封闭复读生活。一个月后，学习的吃力和即将到来的高考让我又有了放弃的念头，并打算向老师辞别。我的老师，他只是盯着我的眼睛说了一句话："你这样放弃，对得起你曾经的那些辛苦吗?"顿时，过往的许多辛酸与屈辱瞬间涌上心头，我一下子愣在那里，然后默默地坐在了地上。我的老师蹲下身来，和我聊了很多，大都是关于他曾经的磨难与挣扎。那一刻，我知道自己已别无选择。

两个月后，我顺利参加了高考。两年后，我也成了公办教师。

苏格拉底说，成功得这样

戏剧里总是这样，一个人一旦遭受磨难，总会迎来美好的未来。但接下来，我的公办教师生活却仍是一波三折。当时，和我一起分配到那所乡镇中学的老师有三十多人，他们都顺理成章地拥有了自己的课堂。而我则被安排到了校办工厂，每天和一群村里的老太太一起清洗从废品回收站买来的废旧编织袋。当别人在为管不了学生而牢骚满腹的时候，当那些青年教师在为课时多而愤愤不平的时候，蹲在水池边的我却只能望着近在咫尺却又相隔万里的教室黯然神伤。

幸好，半年的工夫那个校办工厂就破产了，登上讲台的愿望再一次在心里升腾。两个星期后，我接到了学校新的安排，到最偏远的联中去代课，也就是我毕业的那所联中。那时的联中，正处于即将被中心校兼并的境地，整个校园都笼罩着一股即将散伙的味道。没有生机的学校、无人沟通的苦恼、看起来一点也不"值得教"的学生等一齐涌来淹没了我的内心，一种被充军发配的凄凉感让我开始了混日子的生活。1997年，镇里召开教师节表彰会，和我同一年毕业的吕老师作为优秀教师代表在全镇教师大会上发言。同是教师的妻子叹了口气说："你看咱们都是一起毕业的，人家都成典型了，你还在那里混日子，什么时候是个头儿呀！"

那一刻，麻木的心灵又一次受到了刺激，回中心校正儿八经当老师的渴望再一次升腾。机会终于来临，中心校的一个班主任因为被学生威胁而辞职，那个因"刺头"太多而全校闻名的班级也没有人愿意接。学校领导和我谈话，很坦率地讲明白了班级的现状，只提了一个要求：当好密封细菌的玻璃瓶，别让这个班的孩子扰乱了整个学校，拢着这群学生别出了事，能平安毕业就行。从此，我这个历史专业的毕业生，成了正儿八经的数学老师，并当上了班主任。

两千五百多年前，大哲学家苏格拉底把一个向他请教成功秘诀的小伙子带到了小河中央，一把摁入水中。一分钟后松了手，小伙子以超快的速度，从水中抬起头来大口吸气。苏格拉底问："你刚才做的第一件事是什么？"小伙子怒气冲冲地说："当然是吸气啦。"苏格拉底说："对，对极了。你对成功的渴望，要是像刚才从水里抬头想要呼吸那样强烈，成功就在你身边了。"

诚如苏格拉底所说，持续的刺痛和长久的压抑，让我对成功倍加渴望，并给了我极大的动力。我接手的是八年级的一个班，因为班级管理混乱，一些学习好的学生都纷纷转学或调班，相比同年级其他班级大多六十多人而言，该班只有四十多个学生。但，那些全校闻名的"精英"却一个都没少：因爬墙逃学而被综治办抓住的女生，因打架斗殴而频频接受派出所调查的男生，因善于团伙"战斗"而成功逼走班主任的"大哥大"，因泼辣能战而"威慑"全校的"大姐大"……我的管理是从"战争"开始的，勇往直前的战斗精神配合强大的武力征服，让我在短时间内把班级整治得井井有条，再加上拼时间、拼体力、拼汗水的"拼命三郎"式精细管理，班级呈现出了一派"繁荣"。

两年后，我们班的中考成绩在年级二十个班中排名第三，不仅出乎我的预料，也让领导们惊讶不已。家长的赞誉，领导的认可，同事的钦佩……就在那一刻，我感受到了从未有过的成就感。没想到，成功来得这么简单。如果没有下面的这件事，也许我会一辈子都在自以为是的"成功"路上越走越远。

你若寻找，便能得到

苏格拉底这个老头子，以他的智慧和我开了一个不大不小的玩笑——他没有告诉我什么才是真正的成功。

几年后的春节，这届学生聚会。当我在班长的陪同下进入酒店时，本来热闹的场面一下子静了下来。他们怯怯地叫了句老师后，聚餐在规规矩矩的冷清中有些拘谨地开始了。几个已经不上学的学生喝了点酒，其中一个被我硬"管教"出来的男生端着酒杯对我说："老师，我得敬您一杯酒，要不是您当时踹我那几脚，我也许早就混到监狱里去了。等我有了儿子，一定还得让您教，您可得给我踹出个北大、清华来呀！"感觉得出来，他的话很真诚，丝毫没有嘲讽的味道。但我，却在那个夜晚失眠了。我到底教给他们什么了？再过十年、二十年，他们记住的还是踹他们的那几脚或者是歇斯底里的呵斥吗？

什么才是理想的教育？什么才是我渴望的教育生活？苦苦思索，终无所获。但是我却明白了一个最简单的道理：敬业未必专业，那些靠挤压和威吓得来的分数，既不会给学生带来真正的幸福，也不可能给教师以真正意义上的成功。于是，在以后的教育里，我开始放弃了对学生的高压管理，尝试着走近他们。但事与愿违，没有了压制的学生似乎在一夜之间变得疯狂。班级乱了，课无法上了，数不清的矛盾和问题接踵而来。我慌了，在无助中开始了艰难的寻找——我的教育之道到底在哪儿？

一个很平常的下午，我与一个学生再次"交火"之后，心中愤懑难平，便拿起笔给校长写辞职信。从自己的苦闷，到与学生矛盾的始末……写着写着，愤怒竟在文字中寻找到了出口。随着内心慢慢沉静，我开始反思自己的整个教育过程，粗暴、强压、不会拐弯……原来，我的身上有这么多的问题存在。于是，我撕掉了辞职信，拿出稿纸，把这件事情和自己的反思一一记录下来，写成了一篇文章。那个晚上，我拥有了当老师以来最平静的心情。后来，这篇文章在《山东教育》上发表，成为我发表的第一篇教育随笔。当我拿着杂志在班里读这篇文章的时候，全班的学生静了下来，那个学生哭着对我说："老师，我错了，我不知道您原来也有这么多的苦恼。"

没想到，我在不经意间找到了教育的出口。原来教育就这么简单，无非是打开自己的世界，再进入学生的世界，完成师生之间一次没有任何芥蒂的心灵相融而已。从此，文字为我悄然打开了一个崭新的世界。我开始每天用文字记录发生在班级里的大事小情，并把它们张贴在班级的宣传栏里；开始引导学生写《班级日记》，积攒了一摞摞有情、有爱、有温度的情感书页。我也正是在这种不断的记录中，慢慢打磨掉了教育里的那些粗糙。持续的教育写作让我开始以研究的心态重新审视过去的教育生活，开始关注那些司空见惯的教育细节，开始探寻每一个班级故事里丰富的教育蕴涵。

心态变了，教育的焦虑便少了，温情的东西让我感受到了教育的柔软。学生违反了纪律，耐下心来多问几个为什么：为什么会这样？为什么天天强调却不起作用？为什么一而再再而三地出现相同的问题？自己应该怎么去做？有没有什么好的解决问题的办法？在这种尝试觉醒、躬身践行的过程中，我的教育生活慢慢有了意想不到的收获，文字让我站在了更高的地方审视教育。更重要的是，我在教育写作的坚持中寻得了一种温暖的教育，没有焦虑，没有猜忌，没有为了分数而负重前行的疲惫。

你若寻找，便能得到。历经深深的刺痛、焦灼的渴望、迷失方向的行走，我终于找到了教育的出口，也在文字的执着中收获了教育的成功。那些文字，在为生命擦亮了一些日子的同时，也给了我一个温润、和谐、美好的教育开端。

点亮"愿景"的灯

轩，再次与任课老师在课堂上争吵起来。

　　当我被其他学生叫到教室时，他和老师之间已经到了快要"动手"的地步，我费尽气力把他拉出教室。走廊里，他瞪着眼睛对我说："就你这小身子骨，别打算和我打架，你不是我的对手。"

　　我对轩进行了彻底的"调查"。原来，他是一个读完初三又从初一复读的学生，学习成绩并不差，只是他刚到这个班的时候，经常被其他男生嘲笑是个"留级生"，自卑和抗拒让他凭着一米八的身高和浑身的肌肉把他们一个个"征服"，他成了班里的"老大"，打败对手成了他的唯一追求。

　　后来，我写了一篇文章《我不是你的"对手"》，表达了对他的理解。在文中我写道："我真的不是你的'对手'，不是和你打架的'对手'。你真正的对手是你自己，你得打败你内心的自卑，然后去寻找你真正需要的东西……"这篇文章在《山东教育》发表后，我"很不小心"地把杂志落在了他的课桌上。他还我杂志的时候，摸着脑袋说："老师！嘿嘿！"为了这个"嘿嘿"，在后来的一年多时间里，我为他一个人写了七十多篇随笔，而他也回馈了我一笔最大的"稿费"——毕业的时候，他说要做一个像我一样的老师，为他的学生写最美的文章。

　　就这样，我试着把他们一个个写进故事里，让他们在文字中读到我的真诚和对他们的希望，让他们在好奇和新鲜中一点点走进"我的教育"。去年寒假，一个毕业多年的学生送给我一个"剪报本"。我打开一看，第一页是我为他写的一篇文章，纸页已经泛黄，上面有一行笔迹稚嫩的字："从现在开始好好做人！"他说，这句话是他当年写下的，一直留在心里。

　　但是，很多事情就怕"但是"。

一个下午，几个顽劣的孩子把值周班长堵在厕所里暴打一顿，并自诩是"为民锄奸"。更让我气愤的是，在我把这几个人狠狠训斥一顿放回教室后，其他学生竟然以迎接英雄的仪式欢迎他们。他们是英雄，而我最得意的那些班干部全都成了"汉奸"。这是为什么？在这个被我用条条框框捆绑结实的班级里，到底缺少了什么？

我把这件事写成了一篇随笔。在文章里，我写了自己对班级的喜欢和爱，写了对这件事的困惑和无奈。在最后，我写道："这件事让我明白，我一定还有做得不够好的地方，但是请相信我的真诚，我最想知道的是，我应该给你们什么？"放学后，我把这篇文章贴在班级板报栏里。第二天早读时间，我看到下面有了很多"跟帖"：

你可不可以别总是逼着我们学习？总让我们为你卖命有意思吗？

我觉得你那么拼命管我们，就是在利用我们帮你"扬名"。

你出名了，对我们有什么好处？还不是得把我们逼得更紧，好保持你的"第一"吗？

……

马云说：不要让员工为了领导而工作，要让大家为了一个共同的想法而工作，要用共同的目标来统一大家。而我，在自以为是的教育里，只知道裹挟着他们朝我的目标狂奔，而忘了告诉他们班级是谁的，他们现在的努力是为了什么。

从此，我不再是一个人写故事，而是带着学生一起为班级写故事。我们自编自印了班级小报《我们的班》，一起写身边的故事、偶尔的困惑、彼此的感动、共同的未来……原来，文字也是一种力量，可以轻易直抵学生的心灵。教育一旦走进了学生的内心，让他们有了共同的愿景，就不再需要那么多制度的捆绑、评选的刺激和考核的压制。我所做的，不过是给他们一盏"愿景"的灯，让他们彼此温暖、彼此点亮，在前行的路上走得更坦然、踏实、迅捷。

陈希米为了纪念史铁生，曾经写过一本书《让"死"活下去》。她在书中说："写作，是为了寻找和确认。"是的，我就是在持续的写作中，不断寻找着美丽的教育故事，确认着对教育的理解，并有了自己最朴素的教师成长观：一个教师最大的业绩和成就，不在于你获得了多少荣誉称号，不在于你给了学生多少分数，而在于你为学生带来了哪些深刻的、可以延续终生的影响。

换一个方向成长

扫码听书

很多时候，我们习惯于追求大多数人认可的成功目标，并且一直朝着这个方向努力奔跑。但是，当有一天我们发现这个方向未必最适合自己的时候，就应该试着换一个方向。

我以为，我成功了

当老师的教什么课，很多时候不是由其所学的专业来决定。

虽然我学的是历史专业，但在农村中学，历史这样的学科大多是由年龄偏大、资历较深的老师来教的，算是对老教师工作量上的一种照顾。年轻人，正处担当重任的年纪，教语、数、英之类的主科责无旁贷。而我就是教了数学，并且一教就是十几年，直到现在。

待在联中的那几年，我一直在混课。上课前，想想自己上学时老师的教法，依葫芦画瓢，一天天地也就糊弄下来了。这种教法倒是应了当时联中的传统，因为其他老师都是我曾经的老师，我对他们的模仿又十分到位，所以每次老师来例行听课，都对我的课大加赞赏。年轻人精力充沛，又有一股子拼劲，讲得多、练得多，再加上时间上跟得紧，成绩自然不成问题。在那个小小的联中里，我带的班成绩一路领先。

到了中心校后，学校领导听我的上岗课。下课铃声响过很久，听课的人还坐在后面发呆。直到我走过去虔诚地请教不足时，他才缓过神来，慢腾腾地说了一句：你这也叫讲课？闹了个大红脸，之后我开始认真地听学校里骨干教师的课，才发现自己已经离这个世界太远了。很快，随着不断地参加教研活动，不断地听一些名师的课，我也开始知道了教学模式，掌握了一些教学方法和技巧，也开始不断地参加大大小小的讲课比赛，不断地审视自己的课堂教学，不断地走向真正的老师。

当时，我已经把教育随笔应用到班级管理中，通过文字，我与学生之间建立了良好的师生关系，班级管理顺风顺水。再加上自己在教学技术上越来越成熟，课堂驾驭越来越轻松，我的教学成绩又在中心校遥遥领先。每年的教学成绩优秀奖必定会有我的一份，每年的班级管理表彰总有我的名字，每年都会有家长千方百计把孩子送到我的班级。2005年的中考，我们班51名同学有36人达到了省重点高中的录取分数线，14人进入了市重点高中，只有1人读了一所普通高中。这对于一所农村初中来说，无疑是一个教育神话。

我以为，我已经成功了，如果没有下面的这件事情。

职称，永远是中国教育的痛，也是中国绝大多数教师的伤。毕业七年，开始晋升中级职称，我满怀希望地把多年辛辛苦苦积攒下来的各种证书交上去。优秀教师、教学成绩优秀奖、优质课比赛奖、辅导奖……每个人见了都会啧啧称羡一番：王老师，晋职称你一定是第一个通过的，真羡慕你呀！我虽然嘴里客气着，但心里美滋滋的，我也以为我会是第一个晋升职称的。但，没有。不仅那年没有，以后的几年仍然没有，我成了当年一起毕业的老师中唯一一个没能晋升职称的人。眼看着身边的人一个个都成了中学一级教师，他们的证书没有我多，教龄没有我长，名气没有我大。我不知道，这到底是为什么？

直到后来，我们换了一个分管职称的副校长。当我再一次申报职称时，他告诉我把里面所有与数学有关的证书全部拿出来，只留不带"数学"字样的，那样的话就能晋上一级教师。将信将疑，按要求把材料整理好后，我的档案袋里也就只剩下了一个优秀教师的证书。但是那年，我的一级教师资格确实是通过了。后来，与这位副校长细聊才知道，我多年不能晋职称的原因是我申报的专业与所教学科不一致。历史属于大文科，数学属于大理科，而我就是属于跨大文大理的不合格的一类。那一刻，我终于知道了什么叫"欲哭无泪"，也知道了自己以后无论再拿多少讲课比赛一等奖，再获得多少优秀教学成绩奖都将是废纸一张。

原来，成长也是需要方向的，而我的方向错了，却不是我的原因。

寻找适合自己的方向

与同事聊天，时时会聊到教师的专业发展，聊到讲课比赛。在现实的教育环境里，一个学校的名气在很大程度上是靠两个东西来支撑的，一是教学成绩的高低，一是有多少老师课赛获奖。而衡量一个老师教学水平高低的最直接依据，自然就是讲课比赛。各级教学能手、名师评选，讲课比赛的获奖证书是必备的条件；大会小会领导表扬的，大都是那些在课赛中屡屡获奖的老师。因为专业不一致，教育行政铺就的教师成长之路，对于我来说，似乎已经成了绝路。一个教师，如果得不到教育行政的认可，那么他的职业发展又该何去何从？

并不是我想教数学，并不是我的过错，为什么要我承担这样的苦果？办公室里的一位老教师说，别怨天尤人了，你看看自己的周围，即使是专业对口的，有几个人有资格参加讲课比赛？又有几个人能够获得一等奖？冷静下来细想，除了像我这样因为专业的问题不能在讲课比赛上有所发展，其实大多数人也是被排除在讲课比赛的资格以外的。讲课比赛作为一种有名额限制的竞争，每个学校分得的名额不过一两个，这一两个人到了县区能不能拿奖还是未知数，至于说能够从县区讲到市里，再从市里讲到省里的，更是寥寥无几。更为重要的是，参加讲课比赛是需要基本素质的，比如标准的普通话、漂亮的板书、强烈的表演欲等等，这些东西往往不是一朝一夕就能够练就的。而讲课最为核心的方法和技巧，大多是由别人帮忙设计、润色和加工而成，讲课的人只需会流利地"表演"就好。所以，有人说讲课比赛只是少数具备天赋的人的游戏，对于大多数教师来说，先天的不足限制了他们在这个方向的成长。

难道，我们就注定不能得到成功？

康多莉扎·赖斯是个黑人，从两岁起就跟母亲学习弹琴，四岁就举办了自己的独奏音乐会，十六岁时进入著名的丹佛大学音乐学院学习钢琴演奏。在很多人看来，她的未来就是音乐。大二那年暑假，她参加了著名的阿斯音乐节，在那里她见到了几个音乐奇才，大感震惊。她突然意识到音乐并不适合自己，决定趁早放弃。她的父母都不同意，但她义无反顾，毅然转入丹佛大学国际关系学院学习政治。以后的事实证明，这次的及时转型为她的人生揭开了崭新的一页。二十六岁那年，她以优异的成绩取得政治学博士学位。因为独到的出色的政治见解，她渐渐在美国政界声名鹊起，被邀入白宫。2004年，赖斯成为美国第一位黑人女性国务卿，创造了美国黑人女性新的参政历史。

如果没有及时改变自己奔跑的方向，就不会有政坛上叱咤风云、举足轻重的赖斯。

很多时候，我们习惯于追求大多数人认可的成功目标，并且一直朝着这个方向努力奔跑。但是，当有一天我们发现这个方向未必最适合自己的时候，就应该试着换一个方向奔跑。

叙事也是一种成长

我喜欢文字，这一点毋庸置疑。

初二那年，一篇仅五百多字的习作变成了铅字，注定了我与文字之间难以割舍的故事。有痛，有悲，有喜，有乐。

高中三年，准确地说是两年半，一段残缺不全的高中生活，我做着一个同样残缺不全的文学梦。那个时候，我已经不再把作文发表当成荣耀的事情，似乎那已经太过于稚嫩。我开始写诗，近乎疯狂地写诗，也可能那段岁月就是属于诗的。组建文学社，油印的诗歌报，校际文学联盟……这些疯狂，有激情，有不谙世事的快乐，有挥霍，有繁华落幕后的寂寞。最终，我没有属于诗歌，诗歌也没有属于我，只是给我留下了一段比别人更加艰难的生活。

高考前夕的无奈，两年多临时工生活的挫折，最终让我开始冷静下来，属于诗歌的浪漫与轻狂在现实面前不得不静默下来。这时，散文走进了我的生活。朴实的，真实的，对于生活的记录与思考。没有了那种超越现实的浪漫，收获却越来越多，散文成了支撑我生活的脊背。我从小不善言辞，木讷而又沉默，倒是文字替我说了很多感悟和思考，关于生活的，命运的，曾经的，未来的。

直至做了真正的老师，散文仍是我最喜欢的东西。教学之余，写点小文，记点惊喜，抒点情怀。偶尔，作为作协的成员，也会与那些有名的作家们到很远的地方采风，高谈阔论，关于文学的、艺术的，甚至是很玄很炫的哲学。

很多年前，我投给《中国教育报》的一篇小文被选用，除了样报，还有编辑写的一封短信。信中说，这种来自一线的教育叙事文章很短缺，希望我能坚持写下去。其实，这篇文章我是作为散文投寄的，完全是冲着报纸的副刊而去，没想到却收获了一个名词——教育叙事。虽然我并不知道这是一个名词，还是一种文体。我只知道，这种文章很好写，比起文学创作来，这只能算是练手的活儿。就这样，我一直把它作为文学作品的替代品来写。

很多年前，外省的一位校长在《人民教育》上读到了我的文章后，邀我去他们学校谈教育叙事的写作。直到与那位校长进行深入交流后我才知道，教育叙事其实已经在很多地方，在很多老师中成为一种研究，一种成长的方式。也就从那时起，我才开始专门关注教育叙事，才开始把更多的精力投入叙事写作之中，也才开始了自己的教育反思和草根研究之路。

在这个夜深人静的夜晚，秋雨细细地冷着周身。我一遍遍地翻找着关于故事的、教育的文字，写在纸上的，留在博客的，发表的，未发表的，只是段落的，成为文章的。我无法估计到底有多少，但是我知道它应该用百万字为单位来衡量。每翻开一篇，就是一个故事，长的、短的、痛苦的、快乐的、愤怒的、愉快的；每读起一段，就是一种心情，感动、欣喜、回味。

其实，人的一生就是一个故事，或平凡，或壮观。作为教师的我们就生活在一个故事的海洋里，天天有故事，时时有故事，只要关注，只要倾听，就足以打动我们的心灵。如果我们能够对自己的教育生活重新回味、咀嚼、反思，梳理出一个个令人为之感动，为之欣喜，为之沉思的小故事，让别人在解读这些小故事的过程中，来一次心灵对话和交流，那么打动的就不仅仅是自己，还有他人。

我开始了叙事，并在叙事中感动、反思，直至成长。

不对困顿的现实就范

此时的我已经在教育写作的路上奔走了很多年，但只是随心而写，遇到什么写什么，更多的是写班级故事。说得真实一些，那些年的写作大多是为了"讨好"学生。你看，你做了一件好事，我把它写出来了，发表在杂志上了，你的名字变成"铅字"了，你是不是很高兴？是不是就很崇拜老师？是不是就会听老师的话？写作的这种简单而实际的功效让我管理起班级来得心应手，学生更是因为对老师"才华"的钦佩，而认可、接受了我的管理。

无路可走的我，开始对教育写作进行更深入的思考。讲课比赛，更多的是在教学技艺上的锤炼，是在一次次的修改、研讨中提高自己的教学技能。教育写作能不能变成教学实践的一种历练，教师能不能在写作的过程中不断反思、修正自己的教育行为，让自己在不断的反思中获得成长？

答案是肯定的。潜心于用文字反思教育教学时，我终于明白了这样一个道理：教育写作是教师成长的更大的平台。这个平台，很开放，很包容，谁都可以进入，谁都可以拥有。

当老师的，习惯了守护三尺讲台，总以为它足以演绎教育生涯全部的风风雨雨。其实我们错了，一个迈不出讲台的老师，注定走不远，也站不高。每一次讲课比赛，都是耗人心血的事，浪费了大量的精力和金钱。单是那演练了多遍越讲越虚的套路，除了帮自己获取一个证书和满身的疲惫以外，对于真正的成长，恐怕也不会有多大的帮助。并且，比赛的获奖名额总是有限的，无论参赛的那个群体有多么优秀，一等奖就是那么几个，竞争自然是无比惨烈，甚至是血淋淋的恐怖。最关键的是，即使是有幸挤上领奖台的那些人，如果没有写作的支撑，又能够走多远？

身边有很多优秀的朋友，在教学上都算得上人物，有省级教学能手，也有各级名师。可以说，他们在自己的小天地里都有所建树，有所作为，却总也无法走得更远。为什么？缺乏教育写作的能力。因为不擅长写作，自己的教育特色就不能在更广的范围内得以传播；因为不擅长写作，所有的反思就会流于形式而失去深度；因为不擅长写作，就不会有教育思想的落地和升华；因为不擅长写作，一个人的成长就缺少了底蕴和情怀；因为不擅长写作，一个人的发展就会欠缺支撑远行的力量。

不是吗？看看那些颇有建树的名师，也许他们在课堂教学上有自己独到的创建，也许他们在哪个领域有自己的特色，但他们都离不开写作的支撑。也许正是因为他们的文字，我们才可以更真实地触摸他们的灵魂，领略他们的思想。

新教育的发起人朱永新先生曾经发过一个"成功保险公司"的帖子，他提出谁要是能够做到每天坚持"写千字文一篇"，十年后他可以保证让其"从一位默默无闻的人变成一位成功人士"。如果我们能够"如约而写"，十年后也许我们都会成为名师。退一步说，成不成名师是次要的，最重要的是我们通过写作积累了一点东西，写出了几篇有见解的文章，取得了一点小成就，攒了一点激扬文字的冲动，有了一点放荡不羁的洒脱……这些都是保证教育生命鲜活和豁达的精气神儿，也是教师成长最大的底气。你说是吗？

还好，我寻找到了成长的另一个方向，没对教育困顿的现实就范。

你是作家吗

每个月，我都会拿着一沓汇款单到邮政所取稿费。

每次，当我把单子递过去后，营业员总会疑惑地多看我几眼，低头数一遍再数一遍，然后自言自语地来一句："哎哟！这么多。"然后就会问："你是作家吗？"

我会很小心地回答："不是，我是老师。"还得顺便道个歉，"太麻烦您了，真不好意思。"

一来二去就和营业员熟悉了，聊的话题也多了起来。再次去取稿费时，营业厅里人很少，值班的大姐比较清闲。

"我都工作二十多年了，咱城里的营业所几乎转了个遍，还真是没见着几个领稿费的人，像你这样一个月领这么多份的真是第一次遇到。"她一边操作一边闲聊，见我没有回答，抬头看了我一眼接着说，"现在的人真是没有几个会写文章的了，还是你们老师有文化，能写出那么多好文章。"

这话我不知道怎么接，只好"嘿嘿"一笑了事，心里却乐了好一阵子，心想总算是为教师这个行业争了一口气。

邻班的一个学生，在《读者》上读到了一篇散文，署名"王维审"，便拿给我看。

"老师你看，这个作家和你重名呢！"他指着那篇文章对我说。

"为什么说是和我重名，这就是我写的呢！"我拿过来一看，恰是我多年前写的一篇散文，便反驳他。

"不可能吧？老师的文章还能上《读者》？"他惊得两眼发呆，还是有点怀疑。

"据我所知，这个世界上和我重名的人还真不多，要不你搜索一下验证验证。"我拍了一下他的脑袋，走了。走了很远，我又回了他一句，"老师也能是作家，别小看了老师。"

那个学生再见了我，老远就会跟我打招呼。身边若是有别人，总免不了小声告诉伙伴："这个老师很厉害，他的文章都能上《读者》。"

朋友给我讲了一个"笑话"——至少他是当作笑话来讲的。

有一天，上五年级的儿子要他帮忙打印一篇文稿。当他打开文档时，看到的是一篇作文，作文的题目是"我的老师"。仔细一读，整篇文章语言干瘪，没有一点味道，啰啰唆唆说了一大堆，也看不出来要写什么内容。他当时很生气，心想儿子的作文水平怎么一下子下降了这么多，便冲儿子讲了一句："你这是写的什么狗屁文章，还好意思让我给打印出来。"没想到，儿子大惊失色地说："老爸，这可是我们老师写的'下水作文'，打印出来要发给我们照着写作文的呀！"

朋友最后说："你看这事弄的。"又叹了口气，"唉！这样下去怎么得了！"

这几年，教育界越来越重视教师专业发展了。这是好事，但是很多人错解了"专业发展"的意思，不是从提高教师生命素养上来关注教师成长，而是千方百计地培训教师的教育技能。在他们看来，教师只要守着自己所教的学科一门心思钻下去，课讲得越熟练，提升学生分数的方法越刁钻，专业就发展得越高端。以至于，教师的很多梦想和学生的快乐一样，都被这个时代挤碎了。

其实，他们都已经忘了，教师的成长还有很多个方向。

再加 10％，从平凡到卓越

扫码听书

乔恩·戈登在《再加 10％：从平凡到卓越》一书中总结了精英的 11 个特征，其中第四个特征是"把普通的事情做得比常人好"。他解释说："成就卓越在于坚持在小事上做得比别人好 10％、5％，甚至 1％。"而教育写作就是帮助教师从平凡走向卓越的那 10％。

教师成长的那 10％

这几年，我在各地做过很多关于教师写作的讲座。每次讲座结束，总会有老师问我：教育叙事是论文吗？晋职称的时候加分吗？

我说，不是论文，可能也不加分。

他们就会说，那为什么要去写呀？我们每天那么忙，好多活儿都干不完呢！

为什么要写？这也是我时时思考的一个问题。现在的教师忙，这是一个不争的事实，不仅要忙备课、上课、批改作业，应付各种各样的检查评比，还要忙着参加各级培训学习和考核鉴定，时间和精力大多耗在了日常的烦琐与庸碌之中，哪有心思进行教育写作？退一步说，即使写，总也得写些论文之类的文章，好在职称评聘和骨干评选中能够增加一点分量，起到一些作用，写教育随笔这样的文章又有什么意义和价值呢？

每当这时候，我都会想起曾经读过的一本书，美国著名励志作家乔恩·戈登写的《再加 10％：从平凡到卓越》。书中通过讲述一位运动员如何从平凡走向卓越的励志故事，揭示了一个很实在的道理：那些卓越的人之所以"卓越"，只不过比别人多做了一点，而不是许多许多。乔恩·戈登在书中总结了精英的 11 个特征，其中第四个特征是"把普通的事情做得比常人好"。他解释说："成就卓越在于坚持在小事上做得比别人好 10％、5％，甚至 1％。"

教育叙事与理论作品相比，确实微小得多，也许不能一下子就引起多么大的轰动效应，也不会马上带来理想的即时收益。这样一种看起来微不足道的小文章，要想从"平凡走向卓越"，给教师的成长加油助力，其落脚点就应该在乔恩·戈登所说的"坚持"两个字上。李镇西老师每天坚持的"五个一工程"中，就有一项工程是"每天坚持写一篇教育日记"；在基础教育界享有盛誉的叶澜教授也说，一个教师写三十年教案不一定有效果，但坚持写三年教学反思一定能成为优秀教师；新教育实验的领军人物朱永新教授的"成功保险公司"公开承诺，一个教师坚持写十年教学反思，如果不能成为一位名师的话，教师可以向他索赔巨额保金；马克斯·范梅南也说，从事实践性研究的最好方法，就是说出和不断说出一个个真实的教育故事……这些说法和做法，未必是对成功的真知灼见，但有一点是可以肯定的——再微小的东西，只要是坚持做得比别人多一点、好一点，你就可以取得成功。

　　教育生活的烦琐与芜杂，的确需要一种温和的力量支撑。这种温和的力量，或许来自静夜里敲打键盘的清脆，或许来自某个午后，一次蹙眉后的转身，以及发现的那些安抚灵魂的文字。这些文字，也许就是教育叙事的价值所在，在持续的记录中反思，在不懈的反思中获得前行的力量。这份坚持，也许就是我们苦苦寻找的，普通教师一步步走向优秀、走向卓越的那10％。

文字的力量

　　"青春语文"倡导者王君老师，在一次讲座中讲述了自己的一次失败经历。

　　1998年，她和李镇西老师一起参加全国讲课比赛，可是都没有拿到一等奖，当时感到很遗憾。再次遇到李镇西老师时，她与李老师提及当年的比赛，李老师的一番话让她感触颇深。李老师说："我们这两个没有拿到一等奖的人如今活跃在教改前线上，而当初那些一等奖获得者似乎还是默默无闻，原因何在？因为我们虽然在课赛时失败了，可是我们没有忘记拿起自己的笔，记录下自己教育生活的痕迹。那次的失败，也许反而成就了现在的我们。"

　　就这件事，其实可以引发对教师成长的一个追问：什么才是教师成长的常青藤？

　　课赛，一直被认为是教师成长最直接、最正统的路径，惹得许多优秀教师就像高三学生挤高考独木桥一样，费尽心机和精力去赛场拼杀。课赛又是一件最耗人心血的事，一伙人或者一个团队，拼上几个夜晚才能打磨出供参赛者"表演"的课，然后去争取有限的几个获奖名额。成功的，拿个证书，晋升职称时加上几分，时间久了也就淡忘了；没成功的，可能会选择放弃，从此不再抱任何希望，规规矩矩地过起多数人的寻常日子，时间久了，也就淡漠了。如果没有文字的延续和支撑，没有深刻的思考与反思，一场课赛过后，不管挤上领奖台的，还是"败走麦城"的，都不会走得更远。

而写作则不同。无数个杂志社，无数张报纸，无数个平台等着你的文字。只要你愿意写，总会找到一个适合你的平台。发表了，有了动力了，写得多了，思考得就深了。写作，其实就是对自己教育行为不断进行的追问、审视、推敲、质疑、批判……一个人养成了反思的习惯，很多想法就会在不知不觉中变成文字；一个人选择了写作，骨子里就会有一点激扬文字的洒脱，而这恰恰是保证教育鲜活和生命豁达的精气神。

相对于教师完整的教育生活来说，课赛更像是一顿青春饭，拼的是年轻和激情。人总是要老的，教师也一样。很现实的一个问题就是，课赛场上我们很难见到四十五岁以上的教师，更别说五十开外的"老"教师了。但写作是没有年龄限制的，经历得越多，文字也就越发有味道，越发给人以智慧和力量。从这个角度来说，文字才是教师成长最厚重的底气。

王君老师的讲座题目是"用文字打败时间"，这是借用了"70后"作家冯唐的名句。王君说，她之所以用这个题目，是因为她被这几个简单的汉字击中，无法抗拒这些文字的力量。也许，世间万物能够与时间较量的，只有文字。几千年前的历史，即使已经枯萎得无法想象，但只要有文字的记录，就会有一股力量在今天仍然汹涌；当下的一切，如若以文字提炼并珍藏，历经沧桑也会熠熠闪光，光鲜如初。

从这个意义上来说，写作更多的是一种回忆和唤醒，让不同的时段都会有文字参与灵魂的生活。我不知道一个人的精神世界会不会完全为文字所塑造，但可以肯定的是，写作可以帮助我找到人生的更多可能性，而文字则可以打败人生的一切缺陷。

这，就是文字的力量。

未来生活的一点念想

退休前，他是一位很敬业的老师，教学成绩好，班级管理井井有条，教出了一大批"有出息"的学生，他也因此获得了不少荣誉，年年被评为优秀教师和"教书育人标兵"。退休后，闲着无事可做，他就每天跑到学校里，有时帮着别的老师改改作业，有时站在教室外呆呆地发愣，更多的时候是像祥林嫂一样，向别人絮叨自己三十多年的辉煌历史。

"我那时候……"这是开头，而一旦开始就会喋喋不休，弄得整个办公室的人都避之不及。有人试着向他提议，能不能把那些故事写下来？他摇着头回答："这些事都有些年头了，说个大概还行，写是写不出来了。再说了，我教了一辈子学，除了写教案还真没写过其他文章，现在想写也写不出来了。"

有一天，办公室的一位老师正在处理一个犯错的学生。他在旁边观察了很久，因为看不惯学生顽劣的态度，也插话"教育"了学生几句。没想到，那个不敢直接顶撞自己老师的学生，却转身冲他大吼一声："你都不是老师了，逞什么能！"只是这一嗓子，让他所有的幸福和勇气都戛然而止。从此，他再也没有到过学校。听人说，这个老教师从此变得很少说话，终日坐在村头的桥边发呆。再后来，他病倒了，然后去世。虽然我们无法判断他的去世是否与退休后的失落与空虚有关，但有一点是肯定的，那就是他的生命中少了很必要的支撑。

这件事让很多人唏嘘不已。在一个以奉献为职业标准的时代里，教师往往以春蚕、蜡烛自喻，往往因为忙于奉献而忽视了自身的成长。教师绝不仅仅是一个无私"输出"的岗位，更应该是一个能够不断获取、不断积攒能量的职业。如果一个教师，始终把学生的成长和成功作为自己人生的欣喜，而放弃提升自己的事业境界和生活品位，那么当其离开教师岗位的时候，将会一无所有。

同样，它也给我们这些正在做着教师的人一个警醒，除了教书育人，我们还应该做些什么？其实，我们完全可以养成写作的习惯，把自己经历的、看到的、想到的事情写出来，夹在书页里，放在博客中。老了的时候，至少可以整理一下自己的随笔，结个集子，即使不出版，也算是一个念想。更重要的是，有了写作习惯的你，不至于在老去的日子里无所事事。你可以继续反思教育，用文字把人生浸润得更温暖，更温馨，更有教育味道。

其实，教育里正在发生的那些或幸福或心酸的事，就像是生命里璀璨的珍珠。如果不刻意收拾、珍藏，就会散落一地，埋入黄沙或者泥土里，直至再也寻不见。而如果，你有心地把它们捡起来，珍藏着，穿成一串，你拥有的将是生命中最美丽的项链。

教育叙事的意义也就在于此。当习惯了写教育故事，你不仅可以在教育的当下有所收获、有所珍藏，也可以给自己的未来生活留下一点念想和希望。

故事，从来不只属于自己

从小，我就分不清玫瑰花和月季花。每次逛花市，我都得向花农讨教一番：玫瑰花与月季花要怎么区分呢？花农是个好人，从不厌烦，每次都给我解释得很清楚，但下一次我还是要问。这一次，花农笑了，怪不得有人拿月季花冒充玫瑰花赚钱呢，看来还真是有像你这样总是分不清这两种花的人。我就更弄不明白了，月季是月季，玫瑰是玫瑰，还用得着冒充吗？他笑得更灿烂了，玫瑰比月季贵很多呀，你看见有人拿月季花送人了吗？两种几乎没有差别的花，只因为玫瑰被赋予了爱情故事，竟然一下子就贵重了许多。

初中三年，地理一直是我最讨厌的一门学科。上了高中，相老师开始教我们地理。与别的老师不同的是，他的每一节课里都充满了故事。在他的课上，地理不再是一张填满山脉、河川枯燥乏味的清单，也不再是一项死记硬背各国主要物产的艰巨任务，而成了一次次奇妙无比的旅行和一个个生动无比的故事。于是，我开始喜欢他的课，也就喜欢上了地理。

奥巴马在竞选美国总统获胜后，发表了一次著名的演讲。这次演讲，他并没有讲什么高深、艰涩的东西，只是讲了一个普通人——安·尼克松·库波尔的故事。奥巴马通过讲述这名一百零六岁高龄妇女的人生经历，把美国一百年间的政治、经济、文化全部展现出来。诚挚的情感和动人的情节成功地打动了每一个听众，包括他的竞争对手。由此，他的这次演讲被誉为"最朴素而伟大的政治宣言"。

这就是故事的力量，但还远不是故事的全部价值。

2012 年 1 月 4 日，中央电视台《讲述》栏目组到西郊学校拍摄"七彩小屋"。当时，我在这所学校做德育工作，全程陪同、参与了为期五天的拍摄活动。这期间，我目睹了栏目组对"讲故事"的那份执着，并且与栏目记者柴玉昆女士有了更多关于故事的交流。休息期间，她曾很认真地对我说："其实咱们都是讲故事的人，只不过我们是用影像讲述，你是用文字记录，但是我们都很清楚故事的特征，也懂得故事的价值。"

诚如柴记者所说，了解了故事的特征，也就懂得了故事的价值。这一次经历，让我对故事的价值有了更深刻的理解。今天，我将试着把它们表达出来：

一是细微的真实。真实是故事最底线的东西，但也恰是故事最耀眼的价值。现实生活中那些最真实的东西所凝聚起的力量，往往更令人震撼，更发人深思。我们可以对此起彼伏的高谈阔论熟视无睹，也可以对喧嚣的世界泰然处之，但我们无法抗拒那些细微处的真实——当细节轻轻展开，带你轻轻触摸生活脆脆的质感，你就不得不进入故事，为它落泪，为它雀跃，为它打开内心最柔软的部分，直至全身心地融入。

二是朴素的原生态。我对原生态的东西有着一种特殊的情感。他们或许不够完美，或许有着这样或那样的毛病与缺憾；他们也许不具备被打磨后的光滑，也许粗糙得有些令人尴尬。但是，他们身上有一种原汁原味的自然气息，这股气息总能让我们愉悦地置身于一个活生生的生命面前，感受到一股来自底层的、原生态的朴素力量。

三是沉静的内视。故事关注的是内心，透过内心的审视，寻找能够荡涤人们灵魂的那把精神钥匙。故事的价值在于始于原点又终于原点，这个原点就是一种安静的形态，故事的结尾都会留给人们一大片沉静的空间，让人学会内视。如同中国写意山水，以大片的留白，传达出了"空"的境界，正因为"空"，恰恰可承载最恢宏的人生百态，传递最悠远的悲悯情怀。

至此，我们可以寻找出一个故事的基本特征——真实、朴素、沉静。而这，也就是故事的价值——以真实打动人，以朴素吸引人，以沉静启发人。

到此，我们就有必要探讨一下，故事对于教师和教育的意义。

在很多人看来，教师是一个平凡的职业。日复一日，教师面对的永远是"一颗颗晃动的脑袋"，闻到的永远是"一股子浓浓的汗酸"，听到的永远是叽叽喳喳的喧嚣与吵闹，看到的永远是此起彼伏的打斗与疯闹……简单、琐碎、重复、单调，一切美好的东西似乎都在平淡中消失。

我们开始害怕教师会因此而倦怠。于是，我们想了不少让教师"振奋"起来的办法：制定了很多教师职业道德规范，规定了很多不能碰触的职业底线，组织了很多提升教师职业素养的专家讲座……我们强调奉献，倡导献身；嘴里有口号，墙上有标语。但是，我们不得不承认，这一切的效果远没有达到我们希望的百分之一。平淡依然，枯燥依旧。

原因在哪儿？很简单，这些空洞的东西不可能走进教师的内心。所以，我们需要故事，需要不断发现和讲述自己的故事。对于教师来说，故事就是生命成长的"老娘土"，契合而随意。

第一，故事可以改变自己。教育生活里的琐碎一旦有了故事的串缀，就可以变得生动起来。在不断的讲述与反思中，教师的心态开始变得平和，教师的行为开始得以改变，教师的精神世界开始慢慢丰盈，教师的整个生命都会变得清澈澄明。

第二，故事可以影响他人。通过讲一个故事，教师把生动而真实的教育生活展现在他人面前，随着故事的展开和情节的推进，使人与人的内心发生真正的生命意义上的互动，由此，便可以诱发他人对故事的深度感悟，也可以把讲述者与阅读者隐于内心的主观感受凸显出来，使艰难困顿的教育思辨充盈丰满起来。

第三，写作者成就教育。写作者通过有价值的反思，把艰涩而枯燥的教育理论还原到故事中去，使抽象而复杂的观点变得通俗易懂，并通过对个体经验的揭示，探讨一种可以穿透教育生活的、归隐在经验背后的深层次的哲理，使人们更多地关注和重视教育的哲学意蕴，从而在某种意义上成就教育。

所以，马克斯·范梅南说："教师从事实践性研究的最好方法，就是说出和不断说出一个个真实的教育故事。"

第二章

我们需要怎样的故事

　　师生相遇，本身就会碰撞出一个个鲜活的故事。教育叙事就是把这些故事记录下来，让简单的衍生厚重，让平凡的生成意义，让清浅的蕴含深刻。

回到不一样的过去

扫码听书

如果没有回忆，所有过去，也就只不过是过去了而已。所以我是一个很容易回忆的人，回忆过往的幸福、痛苦、欣喜，还有遗憾。而回忆是需要唤醒的，一次偶遇、一个电话、一次 QQ 聊天都有可能成为一段故事的开始。

教育到底能做些什么

那天中午带儿子去理发，一个漂亮的姑娘突然问我："老师，还认得我吗？"

"你是……"我可能遇到以前的学生了，或许是某一届我只教了一年的学生吧，我只是觉得有点眼熟，却已经记不起她的名字了。

"给您一个提示，2002 年的那届，跑得特别快的那个，您还给我颁过奖呢。"她充满期待地看着我。

我从 2000 年到 2008 年一直带初三毕业班，一届又一届的学生匆匆来又匆匆去，存留在记忆里的身影总是重叠来重叠去，均已不太清晰了。幸好，突发的灵感使一个名字跳了出来："张慧雅?!"

她十分兴奋："是的，是的，谢谢您还记得我的名字。"

在儿子剪头发的当儿，她和我聊起了上学的时光：被作业搅得要疯掉的夜晚；因数学不及格而被父母责骂；一分一分计较名次的家长会；别人拿到重点高中录取通知书时的羡慕……她也和我聊起了毕业后的生活：艰难的打工环境；摆地摊的日日夜夜……最终她谈到了现在：她开得挺红火的时装店，她新买的汽车和房子……总之，生活得还很幸福。我们还谈到了她的同学：某某考上了大学却找不到工作，某某工作后又下了岗，某某已经是国家公务员了，某某在市直学校做教师……

最后，她半似总结地说："其实呀，像我们这样的人上学是没有用的，我们那一届也就那么几个人靠上学找了个饭碗，绝大多数还是要到社会上去学的。您看学了那么多的函数我一点也没有用上，最多也就是用下加减乘除；背了那么多的文言文也都忘了，就记得个之乎者也，在社会上闯荡，靠的还是自己的努力。"

这段话让我的心凉了一截，最新版的"读书无用论"！可我又无法辩驳她说的这些亲身经历。不过，作为一名教师，我还想极力维护一下教育的尊严："是啊，可能很多知识暂时是没有用的，但可能会在不知不觉中改变你，这些年的教育真的没有给你留下什么吗？"

"要说有的话，也不是知识。一直记得在学校秋季运动会上200米比赛我跑了个冠军，您给我颁发奖牌时对我说的话：'什么时候也别忘了你冲刺时高高昂起的头，只要抬起头来，没有什么是不能征服的。'也就是这句话让我觉得自己是个强者，当我在摆地摊的时候，当我找不到路的时候，我就想起这句话，我也一直保留着您给我拍的那张冲刺终点线的照片，是它给了我自信。"

那句话我似乎还有些印象，但这一刻我已经无心再争这份"功"了。我们的教育消耗了这个女孩那么多年的青春年华，却只留给了她一句有用的话。教育，对这个女孩来说能算是成功的吗？教育能给孩子们什么——这个大问题萦绕在我的脑中。

沉重而无奈的教育现实，让我们不得不将教育的意义狭隘到只关心分数的地步，把教育的功能窄化成谋生的敲门砖。在很多人的眼里，如果教育没能给孩子一官半职，未能给孩子带来待遇丰厚的工作，那么教育就是无效的、失败的。这显然是不对的。哲人说过："当把所学的东西都忘记了以后，剩下的就是教育教给你的东西。"而今天我们的教育除去那些课堂上学习的内容外，剩下的真的不多了，教育的功利思想让我们忽略了教育的真实功能。我认为，教育无非就是使人生活得更自信、更快乐、更文明、更美好、更幸福，而教育给予我们的也就是自信、尊重、自强。

我想，作为个体的一名教师，如果没有能力改变教育大现实，那就尽可能地在教育中多添加些这样的内容吧，让我们的孩子更自信些，更自尊些，更自强些。

给自己一个简单的梦想

回家路上，一个年轻的小伙子从路边蹦到我的面前："嘿！老师！"定睛一看，是单强，2009 年离开义堂中学时教的最后一届学生中的一员。

"老师，快过来听我唱歌，我在参加比赛。"他一边说，一边把我拽到路边。这时，我才注意到旁边商场门前的空地上，搭起了一个简易的舞台，有人正在唱歌，下面坐着三个评委。这是一个选秀节目的海选现场，台上正在演唱的是一个拄着双拐的男孩，声音不是很好，但脸上满是灿烂。因为天冷，舞台又搭在室外，观众席上零零落落地散坐着几个观众，现场有些冷清，但那个男孩依然唱得很投入。

"他是五号，我是七号，很快就轮到我了。"单强指了指台上的男孩，开始给我介绍舞台边上已经唱完和还未演唱的参赛歌手。最后，他指了指自己，笑着说："我现在可厉害啦，得过很多奖，上次在南门外音乐大赛中还拿了个第一名。"说完，便快步向舞台走去，主持人正报出他的参赛编号。

舞台上，他唱得很投入，虽然我并没听懂他所唱的那首歌，但听得出来，他是用心在唱。观众席上一次次响起掌声，他唱得比其他歌手都要好。轮到评委点评，从话语里听得出来，这些评委对他很熟悉，其中一个评委最后总结："单强，你在一点点地进步，这一点让我们很欣慰，加油！"

这句话很熟悉——2008 年我接手他们那个班级的时候，曾经说过。那时，那个班级已经换过多个班主任，在学校领导看来是个棘手的班级：成绩不好倒是其次，关键是班级管理太乱，任课教师根本就无法上课；学生没有上进心，除了学习不行，其他调皮捣蛋的事样样少不了。

领导以为我能够拯救这个班级，其他老师也以为能，很快，这消息就传到了班里消息灵通人士的耳朵里。第一节课，有学生问我："你是来拯救我们的？"我说："不是。我不是救世主，我拯救不了任何人。""那你是来整顿我们的？"我说："不是。你们都有自己的个性，我没有必要把你们都整顿成一个模样。"　"那你是来干什么的？"
我说："我是来帮助你们保持自己样子的——喜欢学习的，成绩更好
一点；不喜欢学习的，特长更明显一点。我只希望你们给自己一个简
单的梦想，沿着自己的方向，有一点点的进步。"

他们哄笑，说这个老师好，没想着把他们都培养成学习尖子。那
个时候的单强从座位上站起来问："那你看看我得往哪个方向发展？"
"你有什么特长？"我反问。"我的特长就是能说，所以老师经常请我
面壁思过。"　"能说是好事，只要说得有用，你可以靠这张嘴吃饭，比
如说相声、当媒婆。"我说。他们笑得更乱了。

"老师，您听我唱得好不好？绝对是第一，您信吗？"正发愣的时
候，单强已经回到了观众席，跑到我身边"显摆"。我说："很好。"
我说的"好"更多的是指他在台上的那份自信和阳光。他嘿嘿地笑，
然后开始讲他的"奋斗史"：初中毕业，先是在别人的婚庆公司打杂，
慢慢地开始试着主持婚礼。因为能说，他在业界有了一点儿小名气，
再加上喜欢唱歌，为自己的婚礼主持工作增色不少。然后开始自己
干，在兰田步行街开了一家婚庆店，赚钱不是很多，但是足够花。没
事的时候喜欢参加各种演唱比赛，不为名次，就图个乐呵。

从毕业到现在，四年多一点的时间，他就有了一个小店面，有了
生活的保障，有了一个简单的梦想，然后有了自己喜欢做的事情，生
活得很舒心，很惬意。对于他来说，这不也是一种成功吗？

行走也是一种教育

拐过楼梯，就看见福站在我家门口。

"老师，我要结婚了，请您喝喜酒。"福递过大红的请帖，仍是那样憨憨地笑。

福是我教过两年的学生。他的父亲去世早，母亲一个人带着他和妹妹生活，日子过得仓促而忙碌。偏偏，福又天生有些愚钝，不知道打理自己的生活。

于是，在校园里的福就显得有些刺眼：蓬松的头发，星星点点地散落着几根草棒；黑黑的脸上，时不时地黏着几颗米粒；皱巴巴的衣服，总有一颗扣子错扣在下面一个扣眼上……还有那笑，憨憨地笑——总是让人有一种不忍的心疼。

时常会有好事的学生跟在福的后面喊："傻福！憨福！找不到媳妇！"福的笑就会戛然而止，低着头一声不吭地难受。在他有限的智慧里，似乎对"找不到媳妇"有着特别的恐惧。因为他的母亲常常悲观地对着他叹气："唉！这孩子，以后可怎么找媳妇呀！"

福是从上个年级被"撵"下来的，单科个位数、总分两位数的成绩让班主任们"望而生畏"。最终，学校领导使用最原始的"抓阄"法，把他"派送"到我们班。

安排座位，是一件很为难的事。没有学生愿意和福坐在一起，他身上的酸臭味让班里的学生纷纷避他而去。即使是班主任的"权压"，终也没有留住最后一个同位。福就那样憨憨地笑着，孤独而无奈。

"福，咱去洗个澡怎么样？"学校的东边就是一条小河，那是农村整个夏天的天然浴场。

"洗澡干吗？俺不洗。"福还是憨憨地笑，在他的生活里好像没有洗澡这件事情。

"洗澡后就会变得很香，就会有同学和你坐在一起。"

"真的？那也能找到媳妇了？"福的眼里闪过从未有过的亮光。

"是，天天洗澡就能找到媳妇。"我强忍着笑的欲望，装作很是认真地说。

"那行。"

河滩浅水边，我教福使用肥皂、沐浴液。福慢慢学着洗澡，搓衣服。一个午休的时间，福洗了好几遍澡，挂在树枝上的衣服也晾干了。

"闻闻自己香不香？"我扯着他的衣角放在他的鼻子下。

"香!"还是憨憨地笑，不过多了一点儿不一样的东西。

整整一个夏天，不管是"找媳妇"式的诱惑，还是班主任的各种"权压"，我硬是逼着他用完了好几块香皂，还有好几瓶沐浴液。洗澡，成了他最重要的作业，也最终成了他的习惯。从有人喜欢做他的同位，到有人愿意做他的伙伴，这一步，他走了整整两年。而我，也整整陪了他两年。其间，无数次的反复与看似不像教育的付出，艰难而沉重。

总有那么多脆弱的心灵，挣扎在艰难的境地之中，不用说分数，就连人生的轨道都有可能在某一个瞬间颠覆。小心翼翼地保护这些孩子，让他们融入正常人的生活，让他们永远感觉不到自己与别人的区别，这是一种长期、单调、折磨人的付出，更是一份枯燥、执着、无悔的坚守。很多人，因为没有看到付出后的回报，而苦恼、烦闷，甚至绝望。教育，也就在这样永无止境的自我否定中，渐渐失去了愉悦感和尊严。

教育不仅仅是分数的累加与递进，教育成功也不仅仅是状元榜首的喧嚣与炫耀。牵着孩子的生命往前走一步，再往前走一步。只要拥有了这种行走的信念，行走也就成了一种教育。

种瓜，也是为了看花

周一上班的路上，我接到了涛的电话。只一句"老师，我不想上学了"，便匆匆挂断。

涛是我三年前的学生，在读高三。虽然仅仅教了他一年，但他在读高中的近三年的时间里，一直与我保持着电话联系。有时是在晚自习结束后的深夜，有时是在中午休息的空当。周末的时候，只要不上课，他就会到我家里或者办公室，给我讲讲他们学校里的新鲜事，也毫不掩饰自己的烦恼。但不管哪次，他最终都是带着一种骄傲与自信结束我们的谈话，因为他的成绩是很优秀的——从初中到高中，一直如此。

到办公室后，我马上给涛回了一个电话，追问原因。他说心里很烦，要见见我。于是我们约好在我的办公室里见面。不一会儿的工夫，涛就到了我的办公室。原来，他一直就在我们学校周围徘徊。

涛给我讲了事情的缘由。因为临近高考，他每天晚上回宿舍后还要趴在被窝里，用手电筒照着学习。昨天晚上，他正在用这种方式做题的时候，被宿舍管理员抓了个正着。按照学校的规定，宿舍管理员对他进行了教育。而涛感觉自己是在学习，又不是在做打架斗殴这样的事情，觉得宿舍管理员小题大做，是在找自己的茬，便与管理员发生了激烈的争吵，并对宿舍管理员出言不逊。今天早晨他的母亲被班主任请到了学校。

于是，我又联系了涛的母亲，想了解一下她在学校里沟通的情况。电话里，涛的母亲一直在为孩子叫屈。"孩子要是犯了错，怎么处理他都行，学习还有错吗？俺的孩子到学校不就是为了学习吗？马上就要高考了，孩子上了这么多年学还不是为了考出一个好分数吗？"涛的母亲显得很激动，一直不断地反问着我。

"对于高考来说，分数的确很重要。但是对于孩子来说，接受教育绝对不仅仅是为了分数，有很多东西比高考更重要。比如，遵守规则的意识，尊重他人的习惯，阳光的心态，健康的学习目的……"在电话中，我讲了自己对这件事情的看法，"学校规定学生按时休息是为了保证所有学生能有一个良好的就寝秩序，更是为学生的身体健康着想。涛本身违反了学校的规定，也对自己的身体不负责任，还对一个五十多岁的老教师说了不该说的话，这一切都与孩子应该接受的教育相悖，你应该让他好好反思一下自己的错误。"

这一切，说给了涛的母亲，也说给了涛。坐在身边的涛低下了头，慢慢意识到了自己的错误。"从小，妈妈就一直在给我灌输一种意识：只要学习好，就一切都好；只要为了学习，做什么都是荣耀。所以，在我看来，上学就是为了考高分，只要能够得高分，就什么事情都可以做。除了学习，我都不知道还有什么是重要的事情。"这是在与涛沟通了四十多分钟后，他对我说的话。

有一句俗语说，种瓜得瓜，种豆得豆。这句话中，付出和收获之间存在一种直接的因果关系，其本身没有什么问题，但是如若把种瓜、种豆的心思全部放在收获果实上，未免过于功利。其实，不管是种下了什么，在得到果实之前，你首先看到的应该是破土而出的嫩芽，慢慢染绿的希望，渐次绽放的花朵，然后才会是累累的果实。教育孩子本身就是一种栽种，千万不要过分关注最终收获什么，而是要学会欣赏过程，欣赏一步步走来的细节和心情。其实，种瓜，有时候也是为了看花。

谁也不能赐你远行的力量

下午，我又接了一个陌生的电话，一个小伙子喊了声"老师"就开始啜泣。

过了很久，他才止住悲切，告诉我他是坤。电话里，坤说他在一个很偏僻的乡镇中心小学当老师，已经五年了，一直想着能够有机会调到县城工作，却苦于没有门路，试了几次都没有成功，有些颓废。没想到刚刚开学，领导竟然安排他到下面的村小工作，他觉得很委屈，便想起来给我打个电话。

他说，其实他一直有我的电话号码，有时候也想像其他同学一样来看望我。但是，总觉得自己混得不好，在穷县的最穷乡镇当老师，没有脸面来见我，盼着有一天出息了，再光鲜地出现在我的面前。没有想到，这一次不仅没有调到县城的荣光，就连乡中心校都没待住，一下子被贬到了村小。

他说，这世道真黑暗。

我说，评价一下你这五年的工作，是不是尽力了，是不是做得很好？

他说，一开始的时候我很努力，也想着在业务上出人头地，但是几次调动都失败，慢慢就没有了斗志。

我说，这不能说是世道黑暗，只能说你做得不够好。

他说，我以为你会同情我，帮着我骂领导几句。

我说，骂了有什么用？

他说，至少能让我心里好受些。

我说，那样会害了你，会让你在愤怒中变得越来越糟，以至于不知道以后怎么去努力。

他说，在这样的穷乡僻壤还有什么可努力的？你是不知道，这个学校太小了。总共几十个学生，三个老师，除我以外的那两个都是快退休的人了。他们是民办教师转正的，别说帮助我成长了，他们自己一辈子也没有参加过讲课比赛，教学水平未必能赶上我。

我说，只要你愿意，再贫瘠的地方也可以努力绽放。

他说，那是不现实的。在这个地方没有人能够扶持我一下，周围的环境也不能给我任何的帮助，我依靠谁来成长？

我说，靠你自己。

接完电话，我记起了听来的一个关于帝王蛾的说法：帝王蛾只是一种普通的昆虫，称为帝王不是因为它的强大，而是因为它的一段经历。帝王蛾的整个幼虫期都要在坚硬的茧中度过，当它的生命要发生质的飞跃时，必须让娇嫩的身躯拼命挤过一个极其狭小的茧洞，才能够破茧而出。这是一个悲壮的挣扎过程，很多幼虫就因此而力竭身亡。有人起了悲悯恻隐之心，企图将幼虫的生命通道修得宽阔一些，用剪刀把茧子的洞口剪大。这样，茧中的幼虫不必费多大的力气，就轻易地从那个牢笼里钻了出来。但是，轻松钻出牢笼的幼虫只能拖着累赘的双翅爬行——它飞不起来了！原来，帝王蛾两翼成长的关键就是那狭小的通道：穿越的时刻，只有用力挤压，血液才能顺利送到蛾翼的组织中去，充满血的双翼才能飞翔。人为地将洞口剪大，翼翅将丧失充血的机会，也就丧失了飞翔的能力。

我给他发了一封邮件，写了帝王蛾的经历，并给他留了这样一句话：每个人的成长过程中，都会遇到令人窒息的狭小隘口。这个时候，你所能够依靠的只有自己的坚持和忍耐。就像没有谁能够施舍给帝王蛾一双奋飞的翅膀一样，谁也不能赐你远行的力量。

不知道他能不能懂。

信任，没有终点

赶到办公室，习惯性地打开 QQ。

"老师，我打算学习文管专业，你觉得行吗？"

"文管专业？我还没有听说过呢，我找人了解一下咱们再谈好吗？"

发来 QQ 消息的是我两年前的学生小梅，暑假后该上高三了。以前的学生大多是我的 QQ 好友，他们有了不开心的事，学习上遇到了困难都会向我"求救"，有些需要做出选择的事都会让我帮忙参谋一下。

但是说句实话，一直做初中老师的我对高中、大学的事还真是弄不明白，就像小梅刚刚提到的"文管专业"我就没有听说过。于是就到网上搜索了一下"文管专业"，才知道这是近几年针对高考的一门新兴专业，类似于美术、音乐等专业，但是它的优势是高考过关率与录取率要高于上述两个专业。我又找了多年担任高三班主任的同学了解了这个专业的课程、前景等问题，结合着小梅的实际情况，觉得这个选择很适合她，于是就拨通了她的电话。

"我找人了解过了，这个专业很适合你，好好学吧。"

"太好了，这下我就放心了。"

"老师落伍了，很多东西都不懂，有时候还不如你们知道得多，是不是感到老师没想象得那么'伟大'了？"

"我就是觉得您值得相信，不管您懂不懂，感觉跟您说了就放心了。我跟爸爸提起要学'文管专业'，我爸的第一反应就是让我问问您，老爸对您可信任了。"

"那你可要告诉你爸爸，我只是你初中的老师，要是讲道数学题一定没问题，其他的事情可就难说了。我也不是万能的，在很多问题上你们都可以做我的老师了。"

"老师，信任和知识没有关系，信任也没有终点，不管什么时候，只要您点一下头，我们就会信心百倍。"

我这才知道，为什么这些孩子不管走得多远，不管现在处在什么位置，还会向我"请教"一些我一无所知的事情。因为他们已经把我最初在他们心中画的那个点，延长成了一条射线，一直延伸，没有终点。

有一种教育很清澈

另一个 QQ 在闪烁。

"老师，您现在忙不忙？我们导师让我们做一个社会实践项目，我有可能要回临沂，您能不能抽时间'接见'一下我？"在外地读研究生的李阳发过来一行字。

"好呀，来临沂我请你吃羊肉串，犒劳犒劳你这只馋猫。"我知道，读中学时的他曾经一个月不吃菜，攒钱出去痛痛快快地吃了一顿羊肉串。

"羊肉串我倒是不想吃了，我想吃您烤的馒头，焦黄焦黄的，就像那年您给我们烤的一样香。"他的话，让我一下子回到了十年前的那个冬天。

那年，接手了一个复读班。班里的学生都是中考失利后回校复读的，内心大多带着大大小小的伤痕，整个教室里的气氛透着一丝悲伤，更有些压抑。经历过痛苦和磨难的他们比应届的初三学生更努力、更勤奋，目标也变得更加纯粹和坚韧，他们选择了背水一战这种方式来拔高自己人生的起点。

那时，学校组织上晚自习，为了争取更多的学习时间，他们大多选择了住校。农村中学的餐厅是简陋的，为了多做一会儿作业而错过吃饭时间的他们，只能吃剩下的饭菜和冰凉的馒头。一个冬天的下午，刚放学就飘起了不大不小的雪。我在餐厅吃过饭后就躲进办公室，坐在取暖用的煤球炉子边看书。这时，接到了一个家长的电话，让我转告他的孩子一些事情。当我放下书走进教室的时候，李阳正坐在教室的一角啃馒头。

"又没按时去吃饭？凉不凉？"我有点生气地朝他喊。

"凉，都上冻了。没办法，我们去的时候饭就不热了，再端到教室里就凉透了。"

我走过去捏他的馒头，硬邦邦的有些像石块，再看看饭盒里的菜，已经有冰凌状的东西在闪亮。

"来，跟我来。"我端起饭盒转身回到了办公室。

把夹煤球用的铁剪横放在炉子上，饭盒做临时的锅，将几个凉馒头围在饭盒周围。不一会儿，菜开始冒热气，馒头开始慢慢变黄。我和李阳边翻着馒头边聊了起来。这个有些木讷的孩子开始有些拘谨，我问一句他答一句，当我掰开一个烤好的馒头递给他品尝时，他拿起馒头跑回了教室。不一会儿，李阳带着一伙学生趴在办公室门口。"老师，我们都有凉馒头，您给烤烤行吗？""好呀！快进来。"我招呼他们进了办公室，把他们的馒头一字排开。

第一次和学生这么围坐在一起，看着他们被炉火映红的脸上灿烂的笑容，听着他们尽情地谈论自己的理想和学校的生活；第一次忘记了自己是老师，他们也好像忘了自己是学生，无拘无束自由自在地争论，相互抢夺刚刚烤好的馒头；第一次真正走进了学生的心中，知道了他们内心里的迷茫和挣扎，知道了他们背后给老师起的绰号……以后每到我上晚自习的时候，我就按照小组依次给他们烤馒头，然后幸福地看着他们被升腾的热气淹没。

那年，我们班五十一个同学中有三十八人考取了市重点高中，其他的也都考进了区重点中学。在毕业典礼上，学生跟我开玩笑："老师，您知道我们为什么这么拼命学习吗？因为我们吃了您的烤馒头，吃了别人的嘴短。没办法，只有好好学习了。"

现在回想起来，有一些事情真的很琐碎，但却有可能是在人生最灰暗的时刻一再温暖、安慰、拯救人的力量；有一种教育很清澈，但却能在不知不觉中濡养人的灵魂，给人以前行的勇气。比如，那些焦黄焦黄的烤馒头。

读懂教育

遇见他，是在村南的那座小桥上。

他是我小学时的老师，按照辈分论起来算是平辈。没上学的时候叫他三哥，上学以后叫他老师，背地里还是喜欢叫他三哥。以至于，这一次偶然的相见，我竟一下子不知道该叫他老师还是三哥。

"没事，叫啥都中！早就不是老师了，还是叫哥吧！"他笑笑，那笑里有些沧桑，更多的是一份恬淡。

"还是叫老师吧，喜欢。总是记起你教我们的时候那些好玩的事情。"我指了指脚下的小河问，"那枚印章还留着吗？"

"这么多年了，你还没忘了这茬子事。"他笑。

村子的小学就在这条小河边上，每年夏天这条小河就成了我们的天然游泳场。放学后，书包一扔，穿着裤衩就从小桥上跳进河里，打水仗，比憋气，赛泳速，玩得昏天黑地，直到听见谁的娘在村口叫着乳名骂时，才纷纷抱着书包落荒而逃。

"大肚子"算是我们这伙人里最喜欢洗澡的人，即使在课间的十分钟里，他也会偷偷溜出校门，一个猛子扎进河里。然后，浑身湿漉漉地回来上课。

老师自是不许，便规定洗澡时必须有大人陪着，否则就要罚站。

洗个澡也不行，管得真是宽！班里的男生第一次有了一个统一的行动：到远离学校的地方游泳，组团去，组团回来，谁也不准告密。

痛快了有一个星期，最终还是被他抓了个现行，那是因为有个女生举报。

让他痛下决心严打私自洗澡的原因，还是邻村传来的噩耗。一个孩子，也是小学生，独自一个人在河里洗澡，再也没有上来。

他想了各种各样的办法来验证我们是不是私自洗澡了，但都被我们一一破解。毕竟，大人们都在忙着农活，没有工夫管我们。而课外的时间又是那么充分，"监控"起来实在是难。

而他，毕竟是有办法的人。

那天早晨，我们男生被他要求在操场上一溜儿站齐，并把背心掀起来，露出肚皮。我们一时大眼瞪小眼，这是啥意思？

他笑盈盈地，拿出一个圆圆的印章。最要命的是，他竟然在我们每个人的肚皮上都盖了一枚印章。红红的，分外惹眼，上面有六个字：不准私自游泳。

"以后每天这个时候来盖章，谁要是把印章给洗掉了就把爹叫来，证明一下你是跟着爹去洗的澡。"他扔下一句话，就宣布解散了。

从此，我们失去了野味十足的"自由泳"。

恨他，在当时是最真实的感受，背地里都叫他"三阎王"。长大后，才真正理解，其实每年的夏天，在我们的小村子里都会有人因为洗澡而失去生命。只是因为小，我们并不懂得生命的重要。他不过是在以最笨拙的方式，极力呵护着我们的年幼无知，还有生命。

这，或许也是一种教育。

在我初中毕业的那年，他就放弃了教师的职业，因为民办教师的微薄收入根本无法维系他全家人的生活。而随着我回家的次数一年比一年少，关于他的记忆也越来越淡薄。在灵魂深处，唯有这枚印章在静静地提醒着我：有一些事，曾经发生，有一些人不能忘记。

而我，也终于明白：读懂教育，真的需要时间。

智慧是最美的教育

扫码听书

教育之美在于大爱无痕的智慧，在于"润物细无声"的轻盈，在于那些泛着灵气的小招数、小技巧。这些细小的智慧之美，成就了很多糅杂着疼痛与快乐的小故事，让我们的教育不致过于愚钝和僵硬，也让我们的生活多了一些轻松和惬意。

早读哭泣的孩子

"老师，鑫一直在那里哭，你快看看吧。"刚刚走到教室的门口，就有学生急急地告诉我。现在还不是正式上课时间，三三两两的学生正在进教室，到校的学生交上作业以后已经开始早读，这个时间段学生之间一般不会发生什么矛盾，鑫为什么哭呢？

走到他的课桌前，我低声问他，他什么都不说，只是一再摆手。"我们问他了，他就是不说为什么。"周围的同学纷纷插嘴。摸摸他的脑袋，我低声告诉鑫："来，跟我到外面走走。"他顺从地跟我来到了门外。在一个僻静的角落，我停下来问他："能不能告诉老师到底是怎么回事？老师很担心你呢！"

"我和妈妈顶嘴了，妈妈哭了。"他抽泣了半天，终于开口说。

"那你为什么哭了？是内疚还是心疼妈妈？"

"都不是，我这是让她气的，她太不理解我了。"

"妈妈怎么气你了？"

"她给我买了一件衣服，我不喜欢，但她今天早晨非让我穿着上学。"

"你怎么做的呢？"

"我就大声告诉她我不喜欢这件衣服，让她别逼我，就把衣服扔到地上了。她就气哭了。"

"你怎么看这件事？"

"她让我穿不喜欢的衣服，还在那里哭，我太生气了。"

望着痛哭流涕的鑫，我心里很不是滋味。我们的孩子，从什么时候开始变得这样的自私、霸道，这么不尊重亲情，不懂得关爱。在他所有的语言中，除了第一句话为了表明令他生气的对象是自己的妈妈以外，其他说到自己母亲的时候一律使用的是人称代词"她"。"痛恨"让他很吝啬"妈妈"这个称谓。

"要是朋友送你一件礼物，你却不喜欢，你该怎么做？"我拍着他的肩膀问。

"就先说谢谢，收下以后再说吧，也可以再送给别人。"

"你恨送给你礼物的这个人吗？"

"那怎么会，毕竟那是人家的一片心意嘛。"看我问这么"幼稚"的问题，他忍不住笑了起来。

"是呀，朋友的心意值得尊重。妈妈呢？妈妈可是我们最亲的人呢，她送给你礼物，你为什么要那样对待她？"

"我就是觉得那是自己的妈妈，我们太熟悉了！"

我们的孩子可以为一只死去的小狗而默默流泪，面对生病的父母却视而不见；可以为朋友试着学会承担和忍让，却不能认真听一句妈妈的"唠叨"。亲情，在孩子心中已经成为一个私有的领地，可以肆意而为，可以只索取而不必奉献。

"那我可以告诉你，再熟悉的人也需要尊重，妈妈也需要理解，也需要你的爱。如果你给妈妈买了一件礼物，妈妈把它扔到地上，你难过吗？"

"嗯！我知道了，我回家就给妈妈道歉。"

听到没有？他说的是给"妈妈"道歉，而不是"她"。

把法宝交（教）给我

第一节是数学课。

在巩固练习环节我选择了一道难度较大的习题。在邀请孩子们到黑板前板演时，教室里出奇地安静，与以前争先恐后地抢答形成了鲜明的对比。经过我热情的鼓励，并有意暗示几个学习好的同学勇敢地上来试一试后，仍然没有一个同学愿意举手。就在我打算指定一名同学上来演示的时候，教室的一角飞快地举起了一只手，还伴随着一个弱弱的声音："我会！"

全班所有的目光瞬间集中到了小军的身上，继而有低低的窃笑声响起。他？他怎么可能做出来呢？怀疑毫不犹豫地闪现在脑海里。小军在班里属于中等水平的学生，而且他的数学相比其他学科来说成绩更差一些，像这样难度的题目他是做不出来的，但他举起的手一直高高伸直，没有丝毫放下的意思。让他试试吧，反正也没有人举手，想到这里，我便对全班同学说："敢吃螃蟹的同学终于出现了，只这份勇气就值得我们学习，有请小军同学为我们演示，其他同学认真思考这道题，要是不能自己解决可以在小组内讨论完成。"

在巡视小组讨论情况的时候，经过小军的身旁，无意中向他的课本上瞥去，这一瞥竟让我目瞪口呆：他的课本上赫然写着这道题的答案。带着复杂的心情我转到了他的课桌后面，一本《七年级数学教材全解》正静静地躺在桌洞内。像这种带有教材习题答案的复习资料，我曾经在班里严查过，并一再强调任何人不准买类似的资料，怕的就是他们完全照抄里面的答案。怎么办？揭穿他，狠狠地批一顿？那还是教育吗？这时候，小军已经写完解题过程正要转身回座位，班里的同学还在认真地讨论问题。机会来了！我紧走几步赶到小军面前，在他的耳边轻轻说："你做得太好了，简直就是标准答案，你回座位好好准备一下，我要请你给全班同学讲一下你的解题思路。""讲题？"我的要求明显地出乎他的意料，他的脸有点微微泛红，但他还是使劲地点了点头。

有几个小组已经示意解决了问题，而回到座位的小军正在认真地请教他所在组的数学组长。我故意延长了小组的讨论时间，直到看见小军脸上绽放了微笑，我知道，这一次他是真的会了。接下来小军的讲解很顺利，虽然有些地方讲得还不到位，但是整体的思路还是很正确的，他也顺理成章地收获了掌声。在总结的时候，我对同学们说："小军同学今天的表现很好，特别是他的讲解比在黑板上的板书还要精彩，我相信他有自己的学习法宝，下课后请小军把法宝交（教）给我，让我也好好学习学习。"我故意用了"交"和"教"的谐音，我相信他会明白。

下课后，小军悄悄跟在我后面，到了拐角僻静处，他迅速跑到我的身边，把那本教材全解递到我的手里："老师，其实我是抄的答案。""是吗？我说的是你认真请教别人、虚心学习的法宝呀！"

说完，他笑了，我也笑了。

名字，就是用来叫的

刚刚回到办公室，一个女生就跟了进来。

"我们班主任让你给签个字。"说完递过来一张纸条。

我拿过来一看，原来是她们班打印材料的申请条，便告诉她说："让张老师给开一张申请单就行了。"并指了指旁边坐着的张老师。

"我得好好批评你。"看着站在自己身边的那个女生，张老师严肃地说。那个女生则低下了头。

"她是来帮助班级做事的，你批评她干什么呀？"我不解地问。

"你不知道，她刚才来的时候……"张老师提高声音刚说了一半，那个女生通红着脸打断了张老师的话："老师，求求您，别说了。"

"这个时候不让我说了，刚才你怎么那么大胆呢？"张老师没有理会她，继续说，"你不知道，她刚才进来找你时，也不称呼老师，直接就叫你的名字，声音还特别高。"

原来，这个女生此前来过一次，看见我没有在办公室，就问张老师"王维审到哪里去了"。因为这，张老师已经批评过她。听见张老师把事情原原本本地说了出来，那个女生头垂得更低了，两手不停地搓身上的衣服，内心的紧张全在她的局促中显露无遗。

"这有什么呀？老师的名字也是用来叫的啊！"听完张老师的话，我不以为然地说。

女生可能根本没有听懂我的话，或者根本就不知道我说的是不是心里话，所以把头垂得更低了。

"能告诉我你的名字吗？我也叫一声你的名字，这样我就不吃亏了。"我站起来，笑了笑说。

"王晓静。"女生低声说出了自己的名字。

"王晓静！王晓静！"我连着叫了她两次，然后说，"你看，我还多叫了一次，我赚了。"

王晓静终于把头抬了起来，脸也没有刚才那样红了。

几天后的一个下午，我在操场上正思考着一件事。一名女生的甜脆问候声突然响起在耳边。望去，是王晓静，正笑着跟我打招呼。

"你好，王晓静！谢谢你告诉我你的名字。"我笑着回答。

……

即使是今天，师道尊严的传统思想仍然根植在很多人心中，并为教育埋下了很多的忌讳与不安。因学生直呼老师的名字而体罚学生，甚至造成师生纠纷的现象也时见报端。其实，真正的尊敬来自学生对老师渊博学识的仰慕和对老师高尚品德的敬重，而不是源于称谓的坚守和传承。英国肯特郡史威尔县费佛夏姆镇的一所小学打破传统，禁止在老师姓名后加"先生""小姐""夫人"等字眼儿，学生只要直接称呼老师的名字即可。校方表示，他们希望这种做法能够增进孩子与老师之间的关系，让老师融入学生。这种做法，或许更值得我们借鉴。

名字，本身就是用来叫的，老师的名字也不例外。以这样的心态坦然面对孩子，才有可能得到真正的尊重。

离不开，也离不开

大课间，我又见到了小雅，当时她正抱着一摞《成长手册》向办公室走去。

"老师好！"一脸的灿烂毫不遮掩地盛开在她的脸上。

"小雅好！怎么？当老师的小助手了？看起来心情很好呀！"

"嗯！"她使劲地点着头。

"还想转班吗？"我半开玩笑地问。

"不了，我发现老师对我挺好的，同学们也都很好，我很喜欢现在的班级。"

"是吗？老师太高兴了，好好努力呦，我等着你的好成绩。"

"嗯，谢谢老师，我会努力的。老师再见！"说完她摆摆手，愉快地走了。

望着远去的孩子，我想起了三个月前与她第一次见面的情形。那是初一刚刚入学一个多星期的时候，一个女孩敲开了政教处的门，她就是小雅。

"老师，我想转班。"

"为什么？刚刚开学才一个星期怎么就想转班呢？"

"我不想待在那个班里，我不喜欢那个班的学生，也不喜欢那个班的老师，特别是班主任。"

"是不是刚刚到一个新的班级还不适应呀？不要紧，慢慢和同学熟悉了就好了。"

"不是，我就是觉得老师太不重视我了，就好像班里没有我这个学生一样。"

我知道了，这是一个自尊心特别强的孩子，在原来的班级一定是个老师时时关注、同学绕着她转的核心人物。到了新的班级以后，老师的视线还没有来得及停留在她的身上，同学们还在熟悉阶段，她感觉自己受到了冷落，所以对班级产生了排斥心理。对于这样的孩子，无论告诉她多少大道理都没有用，所以我临时想出了一个"坏"主意。

"那是应该转班，不过现在转班还不是最好的时候。"

"那什么时候转班好呀？"

"你看，现在你们班的老师和同学都还没有关注你，也就是说你的走和留对他们不会有任何的影响。我觉得你要是在这个班里好好与同学相处，把自己的成绩提高上去，在让老师和同学感觉到离不开你的时候再转班，那你的老师和同学才会感到失去你是一种巨大的损失。"

"你说的也是，那好吧，我就等他们都离不开我的时候再转班。"

后来，我与她的班主任进行了沟通，共同为她设计了一个成长计划。而她，一开始在我的"坏"主意的诱导下，强迫自己融入班级，逼自己努力学习。慢慢地，她就真正地融入了班级，成绩也越来越好。

现在，她已经离不开这个班集体了。

懂得欣赏，比什么都重要

下午的班会课，我迟到了。

我打开教室的门时，班会已经进行到值周班长进行工作汇报的环节，值周班长刘雨轩正在对上周的班级情况进行总结。

"最后，我想对科峰同学提出表扬，因为他在上周的量化评定中以出色的表现获得满分，希望全体同学向科峰同学学习，做一个勇于改变的人。"在热烈的掌声中刘雨轩结束了自己的汇报。此时的科峰已经是乐开了花，不断地拧拧耳朵、摸摸腮帮，好像是在验证自己是不是在做梦。

"科峰，你可真行呀！祝贺！祝贺！"我摸着他胖乎乎的大脑袋向他竖起了大拇指。

在每周的量化评定中获得满分，对于很多同学来说并不是一件很难的事，但是对于科峰来说确实是破天荒第一次。已经吃成了小胖墩的他对于吃和睡有着特殊的感情，每周的迟到学生名单中总会有他。原因很简单，想睡觉起不来，还想吃早餐，只好把到校的时间一再推迟。除此以外，他还有一个"爱好"，就是忘事，每天的作业总会忘记一两门课的，要不就是省略一部分题目。按照他的说法：天下之事唯有吃和睡，作业那是要排到第 N 件事以外的事情。所以，在每周评定级别最低的人中，他的名字也是稳居榜首。

曾经和他谈过多次，他的一句"没办法，多年的老毛病了，一下子改不了"就可以把我挡回去。时间久了，我也只好捧着他的大脸蛋说："科峰呀，科峰！"然后就没有了下文。他知道我的意思，我也知道他的心思，彼此心照不宣，更多的是无奈地相视一笑。

很偶然的一个机会，学校为了防止冬天拖完地留下水结冰，给每个班配备了一把新式拖把。我在走廊里捣鼓了半天也没有看明白怎么使用，正在值日的科峰过来三两下就给安装好了，并用新拖把拖干净了走廊。望着净得可以照人的地砖，我怎么也不相信这是出自"慵懒无比"的科峰之手。在请教了其中的窍门之后，我在全班同学面前做出了一个决定：请科峰同学作为拖地教练，专门培训各个卫生小组负责拖地的同学。此后的每一天，他都会早早到校，因为值日生要早到校，他这个教练当然就要来得更早。

那一周，没有了他迟到的记录。

再后来，在我的精心安排下，时不时地会有同学在他被查出作业没完成后，小声嘀咕："还是教练呢，连作业都做不完！"他在满脸通红之后会变得沉默，作业却一次比一次完成得好。

这一周，他获得了量化考评满分的好成绩。

美国著名女企业家玛丽凯有着丰富的企业管理经验，在谈到员工管理时，她说："世界上有两件东西比任何东西更为人们所需，那就是：认可和赞美。"每一个人都有属于自己的独特和差异，细数每个人的优点和长处，我们会发现每个个体都具有很多令人欣赏和学习的地方。有的人长于艺术，有的人善于学习，有的人勤于思考，等等。也就是说，不同的个体有着不同的优点，任何一个个体也不可能囊括所有优点和长处，所以每一个人都会有值得肯定和学习的地方。

作为教师，善于观察和懂得欣赏学生的价值与美好，是一件比什么都重要的事情。

静下心来欣赏自己

"老师，想和您聊聊，我在操场上等您。"一个短信打断了我就要写完的教育日记。

来到操场的时候，他已经等在了那里。因为已经放学很长时间，操场上没有几个人，他眼神的飘忽更让我觉得操场的空荡。

"怎么了？"

"老师，您为什么不教我们了？是我们惹您生气了，还是您根本就不想教我们？"

"这都是工作需要，不是你我能够决定的。"

"哦，是这样，希望初三能够再教我们。"

"还想和我聊什么？怎么看起来一点活力都没有？不像你的风格呀！"

"我觉得自己学得没劲了，从开学到现在我一直想好好学，就像假期里您和我谈的那样，我想在新学期里能够给自己一个崭新的开始。可是无论我怎么努力，就是没有办法学进去。这几天我就想，是不是自己根本就不是学习的材料，成功怎么会离我越来越远呢？"

"你真的竭尽全力了？"

"真的，就是感觉自己没有那个能力，别人都那么强，我赶不上去。"

"这么不相信自己呀，有没有想过自己也很有实力，自己也有精彩的时候。"

"老师，您别逗了，我还有精彩的时候？好像我从出生就是给别人当绿叶的，总是远远地跟在别人后面。"

"不会吧，好好想想，这些年里有哪些精彩值得你回忆？给你十分钟，就想自己的辉煌。十分钟后到办公室找我，顺便告诉你，办公室里就我一个人。"

回到办公室，隔着窗子远远地看着这个毛头小伙子，真的希望他能够品味出自己人生的独特。

没一会儿，他来到了办公室。

"我想过了，我最厉害的一次就是我制作的手工作品被学校推到区里参加比赛，获得了一等奖，那么多学习比我好的都没有获奖。"

"还有吗？"

"还有就是我空竹抖得好，很多人都想让我教他们，还有……"

他的话越来越多，过去越说越精彩，眼神已是熠熠生辉。

"你看，当别人看到你这些成绩的时候，他们也会想'唉，这辈子恐怕也赶不上了'，你说是吗？"

"嗯，我知道了，我会努力的。"他使劲地点了一下头，坚定而自信。

再平凡的人，也有属于自己的美丽风景。学会欣赏自己，才能够领略到自信的魅力；学会欣赏自己，才会拥有奋起直追的勇气。心理学家曾做过一个实验，让黑猩猩照十天镜子后，在黑猩猩的额头上点一个红点，黑猩猩再照镜子时，就会用手去摸额头，而且用力搓。如果省略第一步，即使黑猩猩在镜子中看到了红点，也不会用手去摸、搓。这说明：当一个人不知道自己以前是什么样子时，是不会在意自己的变化的；一旦知道了自己原来的样子，那么一有不良的改变，就会发觉，就会试图更正。所以在疲于奔波的忙碌中，给自己一次驻足，用过去的辉煌点亮人生的明灯是十分必要的。

人生路上，坎坷在所难免，重要的是在我们即将失去信心的时候，能够让自己有一次回望，在某个转角处静下心来欣赏自己。

淘气的叶子

第二天，风很大。

我在去学校的路上就开始想象卫生区堆积的落叶有多厚。

果然，校园里到处飘飞着树叶，而我们的卫生区因为处在一个避风的地方，从别处飞过来的叶子已经簇拥成了丘陵地带。因为今天是我们中学部期中考试的时间，值日时间比以往要紧张得多，我让卫生组长多找了些同学下来帮忙，才在考试前把我们卫生区的树叶清扫干净。操场绝大部分卫生区域是属于小学部的，此时小学部还没有学生到校，望着满操场纷飞的黄叶，我都替他们发愁。

考试进行了半个多小时，我无意中向操场望去，只见学校负责保洁的张师傅站在四棵大树的中间，双手撑着一个硕大的编织袋，他向身边几个刚刚进校门的小学生大声说了些什么，孩子们便分散开去追飘来飘去的树叶。他们把一把把的树叶塞到张师傅的袋子里，还不断地向更多刚刚进校的伙伴们喊着什么。就这样越来越多的人加入了"逮"树叶的队伍。远远地听不见他们的声音，却可以感受到他们的快乐，看他们的神态不像是在劳动，倒像是在捕捉一只只飞舞的蝴蝶。张师傅使用了什么样的招数让这些孩子们这么快乐、主动地劳动呢？要知道，每天的值日生都是在抱怨和无奈中"痛苦"地完成任务的。张师傅对孩子们说了些什么，我真的很想知道，但是因为在监考，我不得不遗憾地看着他们把操场彻底打扫干净后，在欢声笑语中走进了教室。幸好，我发现孩子们中有一个熟悉的身影——同事的儿子。

午休的时候，在操场上遇到了同事和他的儿子。我还没有来得及问他，孩子便高兴地向我喊道："叔叔，我今天帮张爷爷逮树叶了。""真是好孩子，我看见你逮了很多树叶。你能不能告诉叔叔，张爷爷跟你们说什么了？""张爷爷说：'这些叶子太淘气了，小朋友们能帮爷爷把他们给逮回来吗？'"原来如此，张师傅没有要求孩子们抓紧打扫卫生，而是请他们帮忙把淘气的树叶给逮回来，因为是在帮助别人，孩子们快乐地参加了劳动。

班主任当久了，习惯了分配任务，习惯了量化管理，习惯了指派，习惯了要求，却恰恰忘了我们分配的、量化的、指派的、要求的是孩子，是鲜活的、稚嫩的心灵。如果我们都能够像张师傅一样，给孩子们一份温柔的担当，让他们主动地成长，那么，我们需要做的，也仅仅是张好口袋，等待收获。

遭遇"问题学生"时

扫码听书

问题学生不是破坏者，而是受害者。当我们与问题学生遭遇时，我们可以通过文字走进他们的内心，感知他们的痛苦，体味他们的艰难，然后和他们一起面对，一起超越。这样一来，我们也就慢慢走进了有意思的教育研究之中。

白色的花最香

她又被任课老师遣送到我这里，这次的原因是在课堂上描眉，并与老师顶嘴。

细细看，左眼的眉毛已经描完，右眼刚刚完成了一半，再加上淡淡的口红，确实显得漂亮了许多。

"嗯！不错，确实显得漂亮了。"我说得很认真，没有一点儿讽刺的味道。毕竟，欣赏美是人的本性。

"你别挖苦我了，不就是想训我吗？随便你，反正也不是一回两回了。"她把头一扬，斜斜地呈四十五度角仰视，并用手捋了捋散在额前的头发。我这才发现，她的手指甲上真的是色彩缤纷，十个手指涂着不同的颜色，睫毛也是假的。

"真的，不是挖苦你。人要是一化妆总会显得漂亮些，再说了把自己打扮得漂漂亮亮也是对别人的一种尊重。"我仍然说得很认真，没有丝毫的调侃。

"真的？老师，还是你懂得欣赏美，我还以为你也像别的老师那样勒令我洗掉呢！"她仍是半信半疑，但是那丝抗拒却变得柔和了许多。

"我不但懂得欣赏美，还很懂养花。你家里有养的花吗？"我笑着问道。

"有呀，我爸爸喜欢养花，我家里的花可多了，您想要吗？"不知不觉中，"你"已经换成了"您"。

"有时间我可以到你家欣赏一下那些花，现在我只想告诉你一个关于花的知识：同一种花，白色的要比其他颜色的香，并且几乎所有白色的花都很香。要不相信的话，你可以回家对比着闻一下。"似乎在哪本书上读到过这样的说法，也不知道是不是真的有科学道理，但是白花更香倒是真的对比过。

"还有这种说法？白花为什么香呀？"她的好奇心已经被充分调动起来，这时候的注意力也最集中了。

"原因很简单，白色最单纯，不用为那么多色彩花费精力，可以一心一意营造自己的芬芳。其实人也是这样，越朴素单纯的人，越有内在的芬芳。真正的美是从一个人内心里透出来的，绝对不是靠化妆描出来的。你这么年轻，正是像白色花一样纯洁的时候，素面朝天就是最美的，这个年龄化妆岂不是可惜了自己的青春？"一口气说了这么多，也不知道她是不是能够听懂，但可以看得出，这些话对她是有些触动的。

今天，在走廊里迎面遇到她，十四五岁的面孔清新而纯净。"真美！"我说。

其实，初中生正处于一个盲目赶"潮"的年龄。对于美，他们渴望，但并不真正懂得，正如他们不知道白色的花最香一样，需要我们一点点地去告诉他们。

每扇窗子里都有一份美丽

"老师，您看我的裤子！"课间操时间，她一边说一边用一只手指着自己的校服裤子。

"怎么了？穿倒了吗？"我疑惑地看着她的裤子，并无什么异常。

"哎呀！不是。您再看看！"她又指了指自己的裤子，并用手拽了拽。

"确实没有什么呀，上面也没有脏东西。"我还是疑惑，有点摸不着头脑。

"裤子变肥了，您没看见我的裤子有多肥吗？"她嘿嘿地笑起来，清爽而单纯。

"哦！不错。这样看起来更协调一些，更好看一些。"我也笑起来，不仅笑在脸上，更是在心里。

因为学生的校服是运动装形式，肥且较大，爱美的女生往往花钱请人把肥肥的裤子改瘦，变成裹在腿上的那种。这样就成了一种奇怪的服装，上身是宽大的校服，呼啦啦地显得很臃肿，而下身则紧紧贴在身上，像萝卜一样，显得极不协调。对学生乱改校服这个问题，学校的态度很明确，坚决制止，严厉查处。但依然有很多学生冒着被处分的风险，偷偷摸摸地把校服一改再改。

她是个很喜欢漂亮的女孩，自然也少不了想方设法把校服弄瘦。第一次见到她，最吸引我注意的就是她瘦瘦的裤子。并且，就因为这瘦瘦的裤子，她挨了不少批评，也与检查的老师发生过不愉快的事情。但无论如何，这裤子依然还是那么瘦，无人能够改变。

发自内心地说，对穿校服我持中立态度。十四五岁，花一般的年龄，正是爱美的时候，一身极不美观的肥衣服包裹住那么多千姿百态的青春和美丽，确实有些残忍。但统一着装的好处也是显而易见的，更何况这还是学校常抓不懈的一项规定，所以我还是坚持让学生按照学校的要求规范着装。

其实，我一直没有和她谈过她的裤子。只是偶尔，在夸她管理能力的时候，也会捎带着夸一夸她的穿着和修饰，比如不再涂指甲油的指甲，慢慢淡去的染发的痕迹，恰到好处飘在胸前的红丝巾……有时候也会和她讨论美，比如素面朝天的青春之美，腹有诗书的气质之美，整齐划一的和谐之美……

而她，就这么不经意间给了我一个惊喜。在这样一个中午，阳光明媚的深秋，在我毫不知觉的时候，她微笑着告诉我，她的裤子和别人一模一样了。

下午的课间操，再次经过她的身边，我轻轻告诉她，她的红丝巾很漂亮，特别是在一片深蓝色的校服中，那一抹红很美。她笑得很清澈，也很灿烂。

原来，每扇窗子里都有一份美丽，只是需要我们在适当的时候，用恰当的方式，慢慢地，轻轻地打开。

剪发风波

午休时间，我正在办公室整理下午要给学生们做的学法指导报告会材料，这时候接到了一位学生家长的电话："王老师，我需要您的帮助，快帮帮我吧！"

打电话的是小浩的妈妈。原来，小浩一直留着一缕长长的头发，飘在额头上。低头写作业的时候，头发垂下来就会挡着眼睛。最关键的是，在很多时候他都会认真地摆弄着自己的这缕爱发，有时候长达半个小时。小浩的妈妈觉得男孩子留着这么一撮长发很不合适，多次劝说小浩把头发理得短一些，但是孩子一直不愿意把头发剪掉。今天中午吃饭的时候，小浩的妈妈一生气强行把这缕头发给剪短了。气愤不已的小浩把自己关在房间里，不和任何人说话，不再理会父母。小浩的妈妈感觉到自己的做法有些过激，但是头发已经剪了，已经无可挽回。她担心孩子会对自己有看法，更害怕会让孩子增加逆反心理，所以打电话给我。

放下电话，我到教室里看了看。小浩已经坐在自己的座位上，低着头，一脸的不高兴，与往日活泼开朗的他判若两人。分明，他还是沉浸在巨大的愤怒之中。十三四岁的孩子都喜欢表现自我，而又不知道怎么表现自我，于是大多采用标新立异、逆反等做法来点缀自己的青春。留长发对于他们自身来说只是一种个性的体现，从本质来说并不奇怪，只能说他们的审美观还不成熟，还有待我们去引领。

站在门外观察了一会儿，我进入教室，随意地转了一圈，走到他的身边时，我停了下来，歪着头盯着他的头发。他很快感觉到老师在盯他的头发，脸一下子红了起来，下意识地用手挡住了自己的前额。"换发型了？帅！帅呆了。"然后我又转身问同学们，"小浩的发型帅吗？""帅！""怎么帅？""这样显得有精神。""很阳光。""像个男人……"不知谁恶作剧似的嚷了一嗓子。他的脸更红了，但是这红与以前的红是不同的，里面掺入了高兴和幸福。我压低声音，对小浩及他身边的另外两个同学说："你们三个人的头发都显得有点太长了，有失男子汉的阳光，上个星期我就打算让你们回家剪头发的，事情一多就给忘了。幸亏小浩自觉地把头发剪了，正好又提醒了我，你们两个人就按照小浩的标准把头发理了，明天我检查。"那两个小家伙爽快地说："好！浩哥都理了，我们还有什么话说，理！坚决理！"

当我就要离开教室的时候，身后传来了小浩的声音："哈哈，刚才你们两个还幸灾乐祸，怎么样？你们两个也要剪，我老妈还真有先见之明呀！阿门！"回头看的时候，小浩已经是笑得灿烂如花。

别折断了孩子的念想

下午第二节课，小永到办公室交作业。

"这不是上课时间吗，你怎么出来交作业？"我很好奇，一直没有写作业习惯的他怎么一下子主动来交作业了？在接这个班之前，他是从来不交作业的，通过多次做工作，现在他勉强可以把作业完成，但是也得多次催促才能够"逼"出来。这一次，很主动，虽然出来交作业的时间明显不对。

"我帮忙打扫完卫生，回来一看作业还没交，就赶紧给您送过来了。"他并不理会我对他上课期间随便出入的不满意，自顾自地解释着晚交作业的原因，还一直强调"帮忙打扫卫生"这个理由。

"哦，是这样。那你出来时有没有告诉上课的老师，并征得他的同意?"我忽然想起来，在班级被水淹事件中，他主动清理积水时表现得很突出，并受到了表扬。这次主动来交作业也可能是因为刚刚被表扬，受到激励后的一个新的开始。如果是这样，那么这个机会真的值得珍惜。

"说了，上课的老师也同意了，不信您去问问。"他说得虽然很坚决，但难免带着惯有的不自信，似乎已经习惯了不被信任时的简单抗争——不信，您去问问。

看看钟表，已经接近下课的时间了，让他回去又要再次打断老师的上课思路，还不如借此机会聊聊天，或许能够有意外的收获。"老师相信你，但是以后不要在上课时出来，这一次既然来了，咱就好好聊聊吧。"

"你的字写得真漂亮，这次作业也做得很认真，要是天天保持下去该多好。"我翻了翻他的作业本，惊讶于他隽秀的字体。

"我的字一直写得很好，就是作业是抄的，我不会做，没办法，只好抄了。"一瞬间，他在自豪与羞愧之间完成了一次转换。而在我看来，这都是值得肯定的。因为各种原因，他已经放弃学习很长时间了，并养成了很多不太好的习惯。在此之前，让他抄作业他也懒得去抄，从这个角度来说，抄袭作业也是他的一个进步。更何况，他还那么认真地坦白了自己抄作业的问题。

"这个我理解，一下子想把数学学好也很难，慢慢来好吗? 我倒是想知道你现在还有几门课可以听得懂。"在以前和他谈话的时候，他一直强调是因为听不懂课，无所事事才"惹是生非"的。

"语文、历史和思品可以听懂，地理和生物也还行，数学、英语和物理听不懂了。"他很认真地想了半天，也是很认真地回答了我的问题。他说的是实话，因为到了八年级有很多同学在这三科上可以说是"零听课"，原因很简单，听不懂了。

"那这样，你试着在能听懂的课上认真听讲，在听不懂的课上遵守纪律，看看每天能够坚持几节课，好不好？"我知道，他只要有事做了，课堂纪律自然也就好了。说到底，学不会不是根本的原因，不想坚持才是事情的根结。

"我一节课也就能坚持十几分钟，然后就忍不住想说话了。"他回答得倒很实在，一点都没有遮掩和隐藏。

"那就把每节课能坚持的时间记下来，记在这个本子上，顺便把每一天做过的好事也记下来。"说着，我递给他一个本子，那是一种个性印制的笔记本，很精美，在商店里是买不到的。

"这个本子真漂亮！"他面露喜色，接过本子翻来覆去地看。

"算是奖励你的，因为你能开始坚持学习了，快回去上课吧。"正好到了下课时间，我拍了拍他的肩膀让他赶快回去上下一节课。

下午放学的时候，小琪跑到办公室里告诉我，小永回到教室后显得很激动，不停地向同学们炫耀那个笔记本，并一再强调说这是老师奖励给他的，因为他这段时间表现得很好。说的时候，小琪也很激动，因为这是作为同位的她第一次见到小永这么高兴。

第二天晨读时间，小永拿着那个本子给我看他的记录。字迹依然是那么隽秀，上面写着自己坚持听课的时间和一天中做的各种好事，还记录了自己做的几件错事。

"老师你看，好事多，错事少。"他很激动。他不知道，我更激动。

其实，作为教师，无论面对什么样的学生，我们都应该给他们开始的机会和坚持的勇气，并告诉他们行走的方向和前行的方法。无论什么时候，我们都无权彻底否定一个生命，或者简单地折断一个孩子成长的念想。

改变已经开始

亚洲的尾巴翘得老高了！很多同学这样说。

这段时间，亚洲很不老实呀！科任老师告诉我。

说真的，我也感觉这家伙表现得有点"过"，看来是有必要跟他算算账了。但细细想来，除了一些鸡毛蒜皮的小事，他竟然没有留下什么值得"大动干戈"的把柄。

上数学课，又闹了个不大不小的动静。他对犯错的"火候"总是拿捏得很准确：既让你下不了狠心"整治"他，又让自己能够见缝插针"闹"上一把。

午休时间，我把他请到办公室，拿出班级日志让他找出里面与他有关的记录，并逐条写在一张纸上。

找好事还是找坏事？接过纸和笔，他还忘不了"贫"一句。

好事坏事都写出来，看看哪样多！使劲瞪了他一眼，我又加了一句：千万别漏了，一条一条地找。

半小时后，他拿着写好的纸递给我。上面密密麻麻地记着各种违纪信息，数了一下，22条。能从三周的班级日志里找出22条"坏事"

记录，也算是一个小小的吉尼斯纪录了。

你觉得班级日志里记录的这些是不是事实？有没有冤枉你的地方？我问。

不冤枉，记得都很准确。他答。

班级日志由学生轮流记录，难免有疏忽的地方。对于我来说，每天阅读是为了了解班级情况，从不会把这些记录作为"定罪"的依据。让他找与自己有关的记录，也是为了让他在寻找中来一次自省。所以，让他从内心里接受这些记录才是最重要的。

那我怎么没发现关于你的好人好事呀？明知故问，我想知道他怎么回答。

可能是他们没发现吧！要不就是我没做。这家伙，回答得很圆滑，但脸上也隐约可见因害羞而生的红晕。

哦！那他们真是不负责任，你自己把这三周做的好事写出来吧。我把纸又递给他，让他自己作补充。

差不多二十分钟后，他又把纸递回来，上面新加了三行字：打扫卫生比较积极；帮同学倒过垃圾；上课违纪的次数少了。

首先肯定前两项，打扫卫生积极和帮助同学是好事，希望继续发扬。上课违纪的次数少了说明有了一定的自制力，但是三周 22 次违纪是不是仍然太多？重新翻到那 22 条记录，我盯着他的眼睛问。

是有点多。这次的回答已经没有了底气。

能不能再把上课违纪的次数减少一些？我试着问。

能！回答得很干脆。

那怎么样才能做到？我又问。

这？他挠着头，无言以对。

　　有想改正的勇气，却没有改正的方法，这个承诺其实是毫无可信度的。我们批评学生的时候，末了总会让学生自己表个态，甚至写保证书，但大多都不了了之，或许原因就在于此。

　　那你看看自己的 22 条错误都集中在哪几个方面？最常犯的错误是什么？我开始提示他，认识自己是改正错误的第一步，很多时候我们都忘了这一点。

　　上课乱说话、下位、迟到，这三样错误多，最多的是上课乱说话。他扫了一眼自己的记录，很快回答出来。

　　看来，他对自己还是比较了解的。在他的身上，最大的一个坏习惯就是乱说话，前后左右的人都被他搅得不得安宁，严重影响了别人听课、学习。

　　那你说说怎么才能减少违纪次数？我趁势问。

　　从上课不乱说话开始，尽量避免上课乱说话，我回去告诉周围的人监督我。他回答。

　　能做到？我追问。

　　嘿嘿！一下子就不说话有点难，我可能做不到，但是一定能慢慢减少。他低下头，又昂起头，回答得很痛快。

　　下午最后一节课，是属于学生的自习时间。我到班里转了一圈，亚洲冲我招手。我走过去，他指了指自己的课外作业本说：老师，你看我写得认真吧！并且我今天下午真的没有说话呢！

　　嗯！不错，希望你慢慢坚持下去。拍了拍他的脑袋，我夸了他一句。

　　我知道，他仍然会犯错误，仍然会让老师头疼。但，改变已经开始了，不是吗？

发现学生偷盗之后

在一次班主任论坛上，两位老师讲了两个案例。

第一个案例：班里有一个很难缠的学生，时不时会出现一些状况，经常偷拿别人东西。虽然班主任私底下对他进行过教育，但是效果并不明显。这一天，没有在学校订餐的他到餐厅偷饭吃，被老板娘当场抓住，并把他当作小偷交到了班主任手里。班主任觉得这是一个教育契机，便向老板娘求情，希望老板娘不要再深究此事，放过这个学生。最后，班主任说："因为我替他挡了一枪，他在心中把我当成了自己人，对我的话开始言听计从起来，偷盗的恶习在他身上彻底消失了，从此变成了一个好学生。"

第二个案例：袁老师的班里经常丢东西，他隐约感觉到是某个学生所为，但是苦于没有足够的证据，所以不便轻易下结论。于是，在一次交书费的时候，袁老师把录像机掩藏在课本下面，学生去做操这段时间，教室里的情况被完整地录了下来，录像中清晰再现了某个学生的盗窃行为。袁老师首先批评了这个学生，让他返还了本次偷盗的钱物，并统计了这个学生以前偷盗的钱数。因为以前偷的钱都已被学生花费掉，袁老师在答应替学生保守秘密的前提下，要求学生制订一个还款计划，并商量着通过捡拾饮料瓶等方法攒够需要偿还的钱。在袁老师的监督帮助下，这个学生用了很长时间，付出了很多辛苦才赚到了这部分钱，但是他也在这个过程中发生了很大的改变。袁老师说："我只是想让这个学生知道，只有通过自己的努力得到的东西才是自己的，千万不能拿别人的东西。"

这两个案例，从本质上来说都涉及"学生盗窃"问题，从老师的讲述来看，最后都有了一个完美的结局。但是我们也可以看出来，两位老师的处理方法迥异：一个是通过为学生求情，让学生从心理上把老师当成"自己人"，唤起学生"心理偿还"的义气感，从而约束自我行为，开始变成"好学生"；另一个则是在保护学生隐私的前提下，给予学生应该有的惩戒，让其用自己的劳动补偿所犯的错误，在不断的自我实践中逐渐转变，最终达到了老师所期望的教育效果。这两种方法，我无法评价其好与坏，因为具体到某个学生身上，只要适合就是好的。但是，若从教育的普适性和普遍意义上来看，我更倾向于第二个案例中袁老师的做法。

下面这篇小故事，或许能够佐证我的"倾向"。

陶行知到一所小学考察。在学校门口，他看到一群孩子围着一个流动货摊买冰激凌。那个时候的冰激凌还很稀罕，买到冰激凌的孩子欢呼雀跃，一边跳一边吃。有一个孩子，在买到蛋筒冰激凌后，不是大口地吃，而是先舔一口，再举到眼前看一看，然后闻一闻，又舔一下，看得出冰激凌对他很重要。可是，光顾着高兴的小男孩一个趔趄，整桶冰激凌掉到地上，成了散片。小男孩一下子呆住了，好半天才哭了起来。陶行知走了过去，温和地对小男孩说："小朋友，别难过！既然你碰到这么坏的遭遇，就不妨试试脱下鞋子，用脚去踩冰激凌，重重地踩，这很好玩。"小男孩听话地脱下鞋子踩在冰激凌上，看到冰激凌从脚趾缝中冒出来，小男孩破涕为笑。最后，陶行知抚摸着这个小男孩的头说："小朋友，以后要记住，不许哭鼻子，不管事情多么糟糕，你都可以在其中找到意义。"

"不管事情多么糟糕，你都可以在其中找到意义"，这个人生的大道理若是通过说教的方式来告诉孩子，那一定是一件很难的事情。但是，陶行知通过引导孩子自己去踩踏落地的冰激凌，很容易地让孩子在踩踏过程中体验到了另一种不同于"吃"的快乐，他所做的只不过是在孩子经历过之后，关键时刻一语道破，而人生的经验就深刻地印在了孩子的灵魂深处。

其实，案例中的两个孩子，也是不小心丢掉了生命中美丽的"冰激凌"，如何让他们在最险恶的遭遇中重新找到人生的美好，绝对不是简单的施与、感化等能够做到的。因为，任何好的教育，总是始于体验、途经美好、止于感悟的水到渠成，而非"一招鲜，吃遍天"的传奇，更非"一语中的，一了百了"的神话。

帮助学生打破生命的盲点

"哇！小苏这次又考了满分。"正在批阅试卷的数学老师赞叹道。

"要是咱教的学生都像小苏一样就好了，不光学习好，对老师也有礼貌，还能帮着老师管理班级。"班主任附和说。

"就是，就是，一看就招人喜欢。特别是她的普通话，说得太标准了。"语文老师的称赞紧随其后。

"前几天在操场遇见我，还主动帮我抱作业呢！"其他班的老师也不甘示弱。

……

赞美声充溢了整个办公室，每个人的心头都平添了几分喜悦。

"这个小峰，这么简单的题又考了个不及格。唉！愁死个人，真拿他没办法。"数学老师的一声叹息瞬间改变了办公室里的气氛。

"不光是成绩不好，你看他走路那个样子，歪歪斜斜的，看着就不顺眼。"

"他的校服从来就没有干净过，脏兮兮的，让人看着不舒服。"

……

人，大多喜欢锦上添花，也习惯于雪上加霜。非彼即此的绝对化思维，很容易让人的评价走向两个极端。对于那些成绩优异、各方面素质高的学生，我们会因喜爱而倍加关注；而对于那些看起来并不完美的学生，很少有人能够用欣赏的眼光挖掘他们身上的闪光点。

其实，即使是最不起眼的生命，也有值得欣赏的地方。当我们彻底否定了一个学生的时候，孩子的那颗心也就随之破碎了。面对一颗破碎的心，无论你用多么高明的技巧，多么先进的理念，也不可能换来孩子前进的信心和行动的勇气。还不如怀着雪中送炭的教育之心，给那些备受责难的孩子们一点温暖，一次欣赏，一个鼓励，即使不能彻底改变他们，也足以唤醒他们心中对生命的爱抚、珍惜和关心的态度。

台湾作家林清玄当记者时，曾写过有关一个小偷作案手法非常细腻、犯案千起的报道。报道的最后，林清玄情不自禁地感叹："像心思如此细密、手法如此灵巧、风格如此独特的小偷，做任何一行都会有成就的吧！"林清玄不曾想到，他二十年前无心写下的几句话，竟影响了一个年轻人一生。如今，当年的小偷已是台湾几家羊肉炉的大老板了。在一次邂逅中，这位老板真诚地对林清玄说："林先生写的那篇稿子，打破了我生活的盲点，使我想，为什么除了小偷，我没有想过做正当的事情呢？"那个想法让他脱胎换骨，重新做人。林清玄不经意间对小偷作案手法的欣赏，竟然带来了意想不到的结果。

其实，教师最应该去做的，是用欣赏帮助学生打破生命的盲点，而不是一味地指责、摒弃那些脆弱的心灵。

不再"理所当然"

　　不知从什么时候开始，教育变得粗糙起来，背离、麻木、简单以及轻率充斥在教育中。功利让很多原本的"不应该"变得理所当然，而我们的教育就是在这样的理所当然中，慢慢失去了新鲜感和吸引力，甚至起码的本真。

不做"找茬儿"的教育

　　小文推开半扇门，露出半个脸，向办公室里看了看。在确认只有我自己在办公室后，他蹑手蹑脚地走了进来。

　　"老师，我问你个事。"小文的声音不大，但透着一股低沉的愤怒。

　　"什么事？说来听听，看看我能不能帮你的忙。"我放下手中的笔，拿把椅子让小文贴着我身边坐下。

　　"那您别告诉别人。"小文的声音变低了，往我面前凑了凑——看样子这件事对他来说很机密，"就是我们班主任老是找我的茬儿。"

"找茬儿"在北方方言中就是挑刺儿、故意找麻烦的意思。学生这样说老师，应该是感觉自己被老师冤枉了。

"那你说说看，老师都是怎么找你的茬儿了！"我给他倒了一杯水，递到他的手中。

"我这个星期因为值日的事已经被班主任熊过三回了。上一周是我们组值日，星期一的时候班主任去检查卫生，因为卫生工具没有摆放好，他就把我这个组长狠狠熊了一顿。星期三和星期五又被他熊了，还是因为卫生工具没有摆好。"小文喝了一口水，比较平静地讲完了上面的话。

"这很正常呀，你的工作没有做好，老师批评你是在帮助你改正错误，怎么可能是找你的茬儿呢？"我有点想笑，现在的学生总是逃避自己的错误，连这么正常的批评都看成是"找茬儿"。

"老师您听明白了没有，一周三次被熊，都是因为一个原因。"小文有点着急了，声音一下子高了起来。

"是呀，同样的错误你犯了三次，就应该受到老师的批评，我觉得老师做得挺对的。"我在心里暗暗想，这应该就是"屡教不改"，还好意思到我这里诉苦。

"哎呀！老师您还是没有听明白。周一真的是我的失误，没做好，受批评是应该的。所以周二我就认真去做了，但是班主任只是看了看，没有批评也没有表扬。周三我就故意没有做好，果然就挨批了。周四我又认真做了，他还是没有表扬。周五我又试了一下，果然又挨批了。您说，这不是找茬儿是干什么？做得不好挨批评，做好了他就装看不见，这就是找茬儿，一定是看我不顺眼。"小文涨红了脸，激动得双手乱挥。

我竟然一时无语。

是呀，作为教师，我们的潜意识里往往固有这样一种观念：学生的身上一定存在着形形色色的问题，而教育的最大责任就是要不断地发现这些毛病，并通过告诫、指责甚至惩罚来纠正这些毛病。在这种"纠错"教育的理念下，我们的目光过多地关注了学生的不足和错误，而很少会认可、表扬、鼓励学生的正确行为。时间久了，学生自然就会觉得老师在找他们的茬儿，从而把教师和教育推向了自己的对立面，教育也就失去了其最终的美好愿景。

其实，教育无非就是要做两件事，一是告诉孩子该做些什么，二是告诉孩子不该做些什么。就这一点来说，东西方教育有很大差别，西方教育侧重的是前者，东方教育侧重的是后者。而我认为，既要通过积极的正面鼓励告诉孩子应该做哪些事情，又要以理智的批评告诉孩子不该做哪些事情，两者兼而有之，才是真正的教育之道，唯有此，我们做的教育，才不是"找茬儿"的教育。

班级是谁的

自从学校的课间操改成冬季长跑后，我每天都会随着学生一起跑步，但因为平时缺乏锻炼，明显地感到体力不支，每次都得咬着牙坚持，才勉强咬得住班级队伍的尾巴。

很多学生，在跑过两圈之后，便会停下来休息。跑道上，时有掉队的学生慢腾腾地一边走一边说话打闹。

一个男生，很熟悉的样子，平时在校园里见了我总会打个招呼，只是不知道他是哪个班级的。每次跑操，他都是在跑道上走，很悠闲，也有些懒散。

今天中午，他依然如此。

"你再不跑就扣分了！"检评的学生冲他喊。看来检评员也早已经注意到他了。

"我是某某班的，使劲扣分，把班里的分扣干净才好来。"他头都没回，仍是保持自己的姿态，很潇洒地回了一句。

我有些愕然，检评员也一下子不知道说什么好了。这个回答太出乎意料！在平时检评的时候，违纪的学生大多会为了不扣班级的分而千方百计地隐瞒自己的班级，很少有主动报上班名，要求检评员扣班级分的。

会不会是报的假班级名？这个念头一闪，我便开始留意他，并在跑操结束后在他的后面跟着。出乎意料，他确实走进了某班，并坐在了一个靠墙角的座位上。也就是说，他并没有报假班级，他是真的希望自己的班级被扣分。

下午，课间的时候又见到他，便闲聊了几句。我问他为什么希望自己的班级被扣分，他的回答很干脆："报复呗！谁让他（从谈话中感觉到，这个'他'指的是班主任）那么在意分数呢！就是要把他的分数给扣干净。"我不甘心，继续问他："班级不是大家的吗，怎么能说是班主任的呢？"他有点得意了，笑着跑了出去，回过头大声喊："俺就是没觉着是大家的，就是他的，就扣他的分。"说完，一溜烟不见了踪影。

学习，本是学生自己的事，但在很多学生看来是为老师学的；班级本是学生的班级，但在学生看来，却是班主任的班级。这不得不说是教育的一个悲哀！也正是有了这样的心态，学生的学习变得被动了，班级没有凝聚力了，自然，教育也就没有了精气神。

班级管理是一个极易取上位的活动，如果班主任过于关注自上而来的各种考评、检查和评比，把班级管理的成功窄化为对分数的追逐，那么这样的管理必定是没有灵魂的、压抑的，也绝对不能走进学生的心里，更不可能让学生获得精神上的成长。

忘了自己是班主任，降低管理者的姿态，时不时地追问自己：班级是谁的？这或许是把班级还给学生最简单的方法。

不是你想的那样

学生手里的学习资料，除课本以外还有两份，一份是省里编写的配套练习题，一份是市里编写的《同步学习与探究》。因为《同步学习与探究》属于学校要检查的内容，所以习惯上我们都是把配套练习题作为课堂上使用的辅助练习资料，有针对性地选择使用，而把《同步学习与探究》作为每天的家庭作业，严格要求，时时检查。

这样一来，《同步学习与探究》就成了学生必须认真对待的一份资料。时间一久，学生便摸到了门道，从各种渠道弄到了这份资料的参考答案。无论老师布置多少作业，他们都可以一抄了之，既轻松又惬意。我在班里没收过几份答案，也苦口婆心地历数了抄答案的种种坏处，但毫无作用。毕竟，偷懒之心，人皆有之。

实在无奈，只好改变"战术"。下午的自习课上多留一点儿时间，我亲自督战，看着他们当堂完成家庭作业。效果极好，还没有人敢当着我的面抄袭答案。

今天下午，又是自习课。布置完家庭作业后，留给他们二十分钟的时间去完成，我则在教室里转来转去，以防有人"作弊"。

转到小勇身边的时候，我扫了一眼他的《同步学习与探究》，刚刚几分钟的工夫，他竟然完成了所有的练习题。这家伙，学习一般水平，课外作业按时完成的时候都不多，这一次是怎么回事，难道是……心里一紧，我拿起他的《同步学习与探究》"研究"了一下，发现他每道题都做了，还都正确。勇呀勇，你竟敢抄答案，看我怎么收拾你！

"都做完了？"我开启了自己的案件侦破程序。

"早就做完了。"他嘿嘿地笑着，丝毫不知道马上就会到来的"危险"。

"那你告诉我这道题怎么做，我做了半天都没有做出来。"这就叫策略，我以为。

"这道题？让我想想。"他装模作样地研究了半天。

"还装，看你能装多久？"我暗暗地想，用不了一会儿就会露出狐狸尾巴来。

"想起来了，老师你看是这样做……"没想到，他竟然思路清晰地把问题解决了。

"这道题呢？"我仍是不死心，心想兴许是瞎猫碰上死耗子，恰好那道题他会。

"这样做……"他依然说得头头是道。

一连又指了几道题，他都对答如流。这一次，该我流汗了。

"老师，不是你想的那样，我真的没抄答案。前面章节的内容太难，就是想做题也不会，所以便不想做。这一章不难，我觉得怪有趣，很想学，也很喜欢做题，便提前把这一章的内容都预习了，作业也提前做了。"他盯着我的眼睛说。

不是你想的那样！原来，自以为伪装得挺好的"侦破"早已经被他识破，我还在那里兀自表演。这一章学习的是《数据的分析》，内容比较简单，与前面的知识联系也不大，只要愿意学应该都可以学得很好。而我，竟然自以为是地做了那样的判断。

其实，在教育中一定还有很多问题不是我们想的那样，一定还有很多学生没有机会对我们说：老师，不是你想的那样！

别用数字伤害道德

附近的一所小学改建，我校空置的一座教学楼就成了他们暂时的教学点，校园里一下子多了很多小学生。

中午回学校，经过一个小学生身边时，我听到他在那里自言自语："3、4、5……"

"你在数什么呢？"我好奇地问。

"我在数他踢了几次纸球。"他指着前方对我说。顺着他手指的方向看去，一个男生边走边踢一个大大的纸团。最近一段时间，学生比较喜欢玩这种用透明胶带缠废纸而制成的"自制足球"。但是，这种"足球"被踢碎后会让垃圾散落一地，自然踢这种球也就成了学校严厉禁止的行为。

"为什么不上去阻止他，而只是数数呢？"看见这个学生手里拿着类似记录本模样的东西，我估计他应该是学生检评员。

"踢一次扣一分，我得数清次数才能扣分。"他一边说，一边继续数数。

踢一次扣一分，竟然还有这种扣分的办法，我的好奇心一下子被激发出来。我借过他手里的本子，想看个究竟。在本子的扉页，贴着一张打印的"班规"，上面清清楚楚地写着："坐姿不端正扣1分，上课小声说话一次扣1分，大声说话一次扣2分，回头一次扣1分，下位一次扣3分，打闹一次扣4分，做小动作一次扣1分，不按规定路线走路一次扣2分，在校园内跑动一次扣1分……"从进校门开始，到放学离开学校，在校期间的各种"不规范行为"被罗列得清清楚楚，竟有56条。

看完，我有种身上被绳子捆住的感觉。可以想象，这个班里的孩子每天面对着56条扣分标准，该是一种怎样的拘谨和痛苦。不能大笑，不能大声说话，走路不能迈大步，坐姿要保持一个姿势……八九岁的孩子要学会八九十岁老人的稳重和迟缓。真的不知道，这种密集的约束和量化，到底是在培养孩子还是在戕害孩子？

量化管理本是一种企业管理系统，起源于美国，改革开放后被引入中国，并在中国的企业管理中崭露其优势。20世纪90年代初被引入学校管理中，并被奉为管理宝典，一度引领学校的管理潮流。在今天，很多老师都会对班级的各项活动，如学习、纪律、出勤、生活、卫生等等，用数据记录和分析的方式进行计划评价，"用分数说话"似乎成为公平公正、科学准确的代名词。很多名师在介绍自己的班级管理时，也都不遗余力地宣扬自己的管理多么精细，班级量化条例多么精确，甚至会列举出一大堆唬人的理念来渲染其管理的科学性。

曾经，我也信奉过这种简单易行、见效迅速的管理方式，甚至比一些名师大家使用得还要淋漓尽致，并且在很多方面还颇有"创新之举"。但当我看到学生为了不被减分而唯唯诺诺、敢怒不敢言的眼神，听到学生背后对看似公平的分数嗤之以鼻，亲历学生为了加分而把自己的钱当作"捡来之物"上交，目睹学生种种言行不一、家校表现迥异的怪现象时，我又不得不开始反思这种做法的种种弊端。现在我们班也记班级日志，但是我要求每个同学只是用文字描述行为，而不是用数字去量化行为。对于班级日志里记录的事情，有的可以一笑而过，有的可以摸摸学生的脑袋给一个暗示予以解决，有的需要谈心，有的需要长久的交流。时间久了，我发现即使没有数字，没有量化，道德的天平依然平衡。

教育，是一种人性的引领，绝对不能等同于企业的加工生产。一个孩子的行为好与不好是不能用分数来量化的，一颗心灵的纯净与否更不可能用数字来计算。中小学阶段是基础教育，我们的任务是为学生的幸福人生奠基，而不是为了把学生分个一二三等，过早地给他们贴上好人、坏人的标签。

一直在想，我们已经用分数把智育弄得鲜血淋淋，并为此后悔不已，想方设法地去弥补和纠正，为什么在今天，我们还要再重蹈覆辙，拼命用数字去伤害道德呢？

教育没有如果

小东妈妈打来电话的时候，我正在赶写一篇关于师生关系的约稿。

"王老师，小东前几天在学校西边的小区里被人打了，现在那几个打人的小青年还天天在学校门口，他不敢自己去上学，每天上学、放学都要他爸爸去接，我想问问你有什么办法吗？"

　　小东是一个寡言的孩子，是那种淡淡忧愁绕身的男孩。不过最近一段时间他和几个比较淘气的孩子玩在了一起，上课的时候有些不遵守纪律，我正打算和他谈谈，没想到他先出事了。

　　"你有没有问问小东原因是什么？他认识那几个人吗？"

　　"他不认识那几个人，看起来都不是学生。我问他了，他说没有原因，不知道为什么被打。"

　　"一定有原因的。会不会是他在学校与别的孩子发生了矛盾，别的孩子找的家人呢？"几乎所有的学校里都会有这样的现象，学生之间发生了矛盾，受欺负的孩子既不告诉老师也不告诉家长，而是找自己的哥哥姐姐来"镇压镇压"对方。

　　"他说最近没有和谁发生过矛盾。"

　　"那会不会是和他一起玩的那几个孩子得罪人了呢？"现在的孩子小团伙之间的打闹也是很经常的，往往一起玩的孩子有一个和别人发生矛盾，其他人都会成为另一方的公共"敌人"。

　　"也没有。他一直说自己不知道为什么。"

　　"一定有原因的。只有知道了起因是什么，这个问题才好解决的。你再问问小东，要让他说实话，很多孩子都会回避自己的错误，你告诉他一个人只有勇于对自己负责任才是好孩子，既然做了错事，就要敢于担当。再说了，明天我就会找几个孩子聊聊，问题很快就会清楚的。"根据这么多年班主任经验，我感觉一定是小东没有说实话，他一定是隐瞒了些什么，既不会有无缘无故的爱，也不会有无缘无故的恨，更何况小东这段时间还表现得不是很好呢。

　　第二天，我专门请和小东一起玩的几个孩子帮我整理办公室，边干活边聊天。在这样随和的氛围中孩子们告诉了我一个"秘密"：这段时间校门口有一伙人专门找学生敲诈钱，小东前几天就被敲诈了，还被打了一顿。

原来如此，我竟然自以为是地冤枉了一个孩子，一个孤独无助需要帮助的孩子。

做了几年的班主任，班级管理有了点小成效，家长认可了，学生喜欢了；写了点小文章，出了点小名，被人邀请做报告了，有人赞许了，有人吹捧了，就以为自己的判断一定准确无误了。特别是这几年在网上与各地的学生家长们交流的时候，往往是他们一说出孩子的问题，我的判断与回答总是得到他们的认可，慢慢地自己竟然"自信"过头了。

拨通电话，我对小东的妈妈说："请你告诉小东，老师误会了他，请他原谅。这件事让我清醒了许多，老师谢谢他。"

教育需要谨慎，教育需要心平气和。对于教师来说，谨慎是对教育复杂性的尊重，是减少错误行为的必需。我们可以对教育进行千百次的反思，但是对于孩子的生命来说，教育没有如果。

教育不能直来直往

走在九年级教室外边，有人拍了一下我的肩膀，我习惯性地回头。

"哈哈，老师你怎么还是这么笨呀，拍你左肩膀你就向左看，你就不会动点脑子向另一个方向看呀！"仍是那群我教过一年的学生，见了面总会在背后用这种方式考验我的智商。

"老了，老了。脑袋总是转不过弯来，哪像你们年轻人。"

"什么老了呀，你这就是思维定式，当老师是不能这样的！"跑出那么远还不忘再教育我一次。

是呀，当老师久了，最怕的就是用习惯性的做法来处理教育事件。反思自己的日常教育工作，总是习惯于兵来将挡、水来土掩的经验套路，总是习惯于以牙还牙的本能性反应：学生犯了错，本能地就会去想该如何去阻止他、批评他、改造他；学生没有完成作业，经验性的做法就是补作业、罚作业。几乎没有人去认真思考这些事件背后到底有多少我们未知的原因，有多少值得我们去关注的隐情。

当老师久了，有了阅人无数的经历，感觉自己拥有了"相马术"；有了日积月累的经验，感觉有了教育别人的资本。于是，时时拿着自己固定的框架去套一个个鲜活的生命，就有了好学生、坏学生，有了差生和优生，有了生来就是"学习的料"的人，也就有了天生不是"上学的料"的孩子，有了"我一看你就是……"的论断，有了"我算是看透了你了"的无奈。

其实教育绝对不是简单的直来直往，因为只有曲径才能通幽，在教育这个问题上既需要深思熟虑，也需要深谋远虑。教育更不可能一触即发、一蹴而就，对精神世界的引领与召唤，需要用一个灵魂的敏锐去慢慢感觉、体悟。或许，教育的丰富性、多彩性、复杂性即在于此。

作为教师，需要的绝不仅仅是知识的渊博，更不是经验的富足，教师要成为一个会读人的人，像读书一样深入到另一个丰盈的世界。因为一个人，无论丑美、贫富，无论呈现给别人的外表是否符合别人的审美标准，在他自己的内心里一定会有一座缤纷的花园，有自己的精彩和绚烂，即使是在我们看来十恶不赦的人，也会有属于自己的善良。只不过，很多时候我们无暇或者不屑去欣赏这份美好，自以为是地轻易肯定或者否定了一个人的所有。

放弃习惯性的回头，放慢回头的速度，静下来想一想拍你的人会在哪个方向。像读书一样去阅读学生，在欣赏中让情感变得纯净、澄明，变得细腻、丰富，教育的理想就会在阅读中日益丰盈。

未必在师生之间

扫码听书

《红楼梦》中有一副对联："世事洞明皆学问，人情练达即文章。"这其实算得上是一句很好的教育箴言。一个教育的有心人，应该能够透过那些看似与教育毫无关系的事情，找到并揭示出其中蕴含的教育规律和技巧，进而形成自己的教育理念和方法。

我们只是路过而已

周末，在书城浏览刚刚上架的几本新书。

"叔叔，打扰您一下！"一个年轻的声音柔而低。看去，年轻的小伙子，十七八岁的样子。

"您能不能在这个本子上写上这几个字，签上您的名字？"见我抬头，小伙子微笑着递上了一个本子，是最常见的那种记事本。翻开的那页纸上，已经有几个签名，还有一句同样的祝福语："LLT，生日快乐！"

没有过多的思考，我接过本子，按照小伙子的要求写了字，签了名。然后又在"生日快乐"后边加了四个字："你真幸福！"

小伙子的笑愈加甜美，道完谢，他又走向另一个陌生人。旁边的朋友责怪我不问清楚干什么用的就签了名，至少也要弄明白这里面的故事。

我也知道，这里一定有一个故事，或美丽，或忧伤。或许，他是在为自己心仪女孩的生日准备一份礼物，简单而别致；或许，他是在为亲人朋友积攒一些祝福，宁静而深沉；或许，他是在为素不相识但需要温暖的人打开一扇窗，温馨而凝重；或许，他是在为忍受病痛和寂寞折磨的人寻找坚守的理由，执着而真诚。

不管这个故事到底是怎样的一个情节，对于我们而言，只要把应该做的和可以做的尽可能做得完美就可以了，只需要知道这个小伙子和 LLT 需要你的祝福就可以了。至于其他，都与这个故事无关。

可是，太多的人喜欢走进别人的故事，打破别人的宁静。总以为自己给予了，付出了，就有权利剥夺别人的所有，赤裸裸地窥视别人的世界。在这个方面，为师者尤重，太多自以为是的爱，一厢情愿的教育，硬生生地把学生的世界变得清澈透明，无遮无拦。于是，就有了揭伤疤式的捐助，就有了刨根问底式的"沟通"，就有了喋喋不休的"关怀"。

其实，不管是对他人，还是对学生而言，我们只是他们生命中的一个过路人，只是他们众多故事的一个参与者，甚至是旁观者。我们可以站在一边为他们鼓掌，却无权以自以为是的方式，制造那些教育之伤。

毕竟，我们只是路过而已。

我们已不做孩子太久

周末，某综艺节目比赛现场。

"孩子，你快乐吗？"九岁的男孩唱完一首歌后，一个小有名气的评委问道。

"我很快乐！"孩子的回答几乎是斩钉截铁。

"你有什么不高兴的事吗？"评委跟着问了一句。

"没有，我没有不高兴的事。"孩子的回答依然很干脆。

"那你被爸爸妈妈和老师批评过吗？"评委的发问变得具体起来。

"没有。"孩子有点疑惑地看着评委，他不知道为什么这个叔叔会问这些话。

"你凭什么说自己一点儿不高兴的事也没有呢？"评委的问话里隐隐有了一点责备的味道。

"凭我自己呗，我自己的事还能不知道吗？"孩子反问道。

"你喜欢唱歌吗？"评委继续问。

"喜欢，特别喜欢。"孩子开始觉得有点莫名其妙，皱着小眉头大声地回答。

"是你自己真的这么想，还是你的爸爸妈妈教你这么说的呢？"没有得到自己想要的答案，评委的问话显得有点"急了"。

"我自己就是这样想的，我没有烦恼的事，我很快乐！"孩子又一次强调了自己的快乐。

"孩子，我告诉你，没有人的人生是完美的。你一定有自己的痛苦，比如别的小朋友在玩的时候你还在练歌……所以，我这一票不能给你，你该有自己的快乐。"绕了一大圈，评委终于把自己的"裁决"说了出来。

我也终于明白，为什么这个评委一定要孩子承认"自己的生活中有不高兴的事"了，他是想给自己有些残酷的"裁决"一个可以解脱的理由。假如孩子说自己有不高兴的事，假如孩子说的不高兴的事又恰恰是"唱歌"，那么他就可以把自己不给孩子一票的结果变得温暖而又善良。但，孩子终归是孩子，他并不明白评委的"良苦用心"，始终没有"承认"自己有不高兴的事，这才逼着评委一直绕圈子，最终也是很直白、很不着边际地进行了"裁决"。

应该说，这个评委是善良的，他不希望很直白地用失败来伤害孩子的心灵，他希望用一种温柔的方式来点破孩子的失败。但是，他又是不负责任的，他以成人的视角偏视、漠视了儿童世界的纯真。

从成人的角度来看，"没有人的人生是完美的"这句话的确是一个比较正确的命题：对于一个不断成长着的人来说，总免不了有痛苦、纠结、愤懑，以及种种的失望和不甘；对于整个人生来说，难免会有不如意，会有遗憾，甚至是深深的不幸。但是，儿童时代对于人的一生来说，只是最透明、最澄澈的一段，在这个清纯、洁净的美好时光里，拥有"很快乐"的心情是一件很自然的事情。

我们已不做孩子太久，早已不习惯以孩子的眼光来看这个世界。所以，很多时候，我们会误会孩子，伤害童心。对于儿童来说，这实在是一件很不幸、很残酷的事情。从这个角度来说，体恤儿童，读懂儿童，对于每一个成年人真的很重要。

当然，这对于教师，尤为重要。

教育，什么时候能站在孩子的角度上

周末的超市比平时热闹得多，收银台处挤满了着急付款的人。排在我前面的是一家三口，孩子大约六七岁的样子，怀里抱着一大瓶饮料，不断地问妈妈："什么时候才能喝呀？我渴了。""那要交上钱以后才行。"妈妈望着只比购物车高出一个头尖的儿子，耐心地解释着。

忽然，孩子使劲地从大人们的腿间挤出一点儿空，并努力地想向前挪动。"你快回来，不能加塞，好孩子是要排队的。""我看到前面……"还没等孩子说完，妈妈就把孩子从人群中给拽了回来。"妈妈平时是怎么教育你的？不是说了嘛，好孩子不能加塞。""我……""行了，别说了，再说就不给你买好吃的了。"孩子不再说什么，虽有些不情愿，却是老老实实待在了那里，只是眼睛的余光还是不时地瞥向前方。

时间过得真慢，足足等了有二十多分钟，那一家三口才挨到了收银台前，这时那个孩子迅速地蹲了下去，从收银机的缝隙里抠出了一枚硬币，高高举起小手对收银员说："阿姨，您的钱，我一直给您看着呢。"

原来，那孩子拼命向前挤并不是为了加塞，他只是从大人们拥挤着的众多的大腿间，看到阿姨不小心掉下来的钱，他只是希望把钱捡起来交给阿姨。可是，孩子的妈妈、我，还有许许多多的大人们，站在自己的高度，没有看到孩子视野里的东西，当然更没有读懂孩子的内心，就那么肆意地、想当然地企图进行道德上的灌输。

想起了很多年前读过的一个故事：斯坦姆发现一只大河龟正趴在

康涅狄格河畔的马路上。在斯坦姆看来，它显然是从河里爬出来的，经过一段土路才到了现在这个地方；它还将继续前进，可它并不清楚这段路的实际情况，它随时都有被车辆轧死的危险。想到这里，她不禁行动起来，放下手中的行李，连拉带拽，费了好大劲才总算把这只大乌龟带回岸边。她正要把乌龟推回河里时，一位水产专家走过来阻止了她，这位专家说："你知道，为了在路边的泥里产卵，这只乌龟可能花了一个月的时间才爬上公路，结果被你给带了回来，并要推回河里。"斯坦姆当时懊悔极了……其实，像斯坦姆这样的尴尬在教育实践中随处可见：两个经常在一起探讨问题的男生和女生，可能会让我们的神经发颤，即使不把早恋的帽子扣在他们的头上，也会在内心里如临大敌，可千万别出了什么乱子；讲了千万遍的数学题，考试中还是有很多学生不会做，我们会忍不住大声地斥责，这么简单的题你们竟然不会做；看到一个调皮的学生手里拿着一片糖纸，我们会觉得是在吃零食，从来不去想他可能是刚刚捡起地上的一片垃圾……

那个男孩和大河龟的遭遇，反映出我们教育工作者和父母们时时会疏忽的两个教育原则：一是站在孩子的角度看问题，一是把孩子看成道德的创造者而不是被灌输者。作为育人者，不管你面对的是自己的孩子，还是自己的学生，都应该多用孩子的眼光去看问题，在教育的问题上，尽量做到与孩子一起面对、修正、改进行为，让自己的一举一动尽可能地融入孩子的意愿中，努力让自己的育人实践不带有霸气十足的观点。作为道德的引导者，我们一直在错位中扮演着道德强权的身份，把自己当作道德的化身，把孩子当成道德的接受者，或者说被灌输者。我们总是理所当然地认为：孩子只是孩子，他们不会有创造道德的欲望，也没有创造道德的能力。其实我们忘了，最好的道德教育，不是说教，不是灌输，而是孩子在道德实践中的创造，从这个角度来说，孩子也是道德的创造者。

还有多少像斯坦姆一样的家长、老师，仍然一厢情愿地"教育"着我们的孩子，还有多少人满怀着强烈的善意、责任、关爱徘徊在教育的弯路上，还有多少像大河龟一样的孩子被我们一次次地搬回我们设想的地方。

教育，什么时候能够站在孩子的角度上？

为了蝴蝶的梦想

回家的路上，手机里显示了一个熟悉的电话号码，是一个学生家长的。因为每周都会接到他的电话，这个号码虽未存储，却也记得很清楚。不用说，还是问孩子成绩的。

"王老师，你们这次月考成绩还没公布吗？我们家的孩子考了第几名呀？"果然，一开口，依旧是成绩和名次。同样的问题，同样的问法，从来就没有改变过。

"月考试卷都已经发到学生手里了，老师也已经进行了讲评，他应该知道各科成绩了。"期末考试都快到了，还在惦记着上次的月考，这家长真够执着的。

"分数我都知道了，我想知道他在班里的名次。"他显得很急切，似乎我即将说出的那个数字对他很重要。

"我也不知道他的名次，因为我没有给班里的学生排名次。"每一次，他都是围绕着孩子的名次说事。高了，还想再高；低了，要么唉声叹气，要么反复追问原因。

"你怎么能不给排个名次呢？这样的话，这些学生岂不是不知道自己的水平了？"明显不满意，毫不掩饰。

"因为我觉得有很多东西比名次更重要，你不这样认为吗？"我的语气也重了些。

"这是个竞争的社会，低一个名次可能就意味着考不上好高中，考不上好大学，找不到好工作。你说现在不拼命考分数，以后靠什么生活呢？"在他的潜意识里，当下的苦干就是为了换取以后的幸福。

其实，很多人有这种想法，它也是这个时代比较流行的思维。不，不仅是这个时代的悲哀，古已有之。古代不就有"头悬梁锥刺股"的典故吗？直至今天，我们不是还坚信着那些励志的"圣训"吗？比如，苦尽甘来；比如，梅花香自苦寒来；比如，书山有路勤为径，学海无涯苦作舟；比如，天将降大任于斯人也，必先苦其心志……

典型的商业思维：只有牺牲现在，才能换取未来的幸福。在我看来，把人生当成买卖，或许是一种最大的悲哀；把结束痛苦当成幸福，其实是对幸福最大的误解。人生毕竟不是一单生意，它最该享受的是走过的心情，而不是为了所谓的利润穷困一生。

剧作家席勒说："只有当人充分是人的时候，他才游戏；只有当人游戏的时候，他才是人。"这个"游戏"，自然不是你所想象的那种放纵，他其实想说的是，在很多时候，人更应该经营一点闲暇，一点善良，一点纯粹的美好。比如，诚实、担当、豪爽、爱……

很喜欢那个做导演和诗人一样出名的阿巴斯，他在诗集《随风而行》中天真地说："火车嘶鸣着/停住/蝴蝶在铁轨上酣睡。"你看，为了蝴蝶酣睡中的梦想，飞驰的火车竟然会停住，这真是诗人的浪漫。

我自然是没有诗人的那种情怀的，只是祈愿，那些被欲望裹挟着呼啸而来的粗暴或者焦灼，能够在孩子澄澈的生命中戛然而止。

师傅　老师

下午去修车铺修车，师傅手里的活儿很多，我便坐在一边等候。师傅是个很沉默的人，见有人来也不过是嘿嘿一笑，从不见他多言多语。徒弟是个新手，上次过来修车的时候还没见到他，过来的时间应该不长，看起来十七八岁的样子，人很干练，手脚麻利。师傅让他在旁边干些拆卸车胎之类的活儿，他一边干，一边斜着眼朝师傅那边瞅，时不时地跑过去给师傅递把毛巾，端杯茶水，回来后接着拆车胎，仍是斜着眼看师傅的一举一动。

师傅接了个电话，撂下手里的活儿出去了。徒弟在确定师傅已经走了以后，迅速跑到师傅干活儿的地方，把师傅刚刚干的活儿拆下来又安装上，再拆下来，摸着脑袋想了半天，再安上。然后从兜里掏出来一个本子和一支笔，在本子上写写画画弄了半天，写完后合上本子，长舒一口气，美美地笑起来。

"你这是记什么呢？"我好奇地问他。

"刚才师傅那把活儿我盯了很久了，这一次总算是掌握了要领，揣摩透了，随手记下来，以后再见了这样的问题我就会修了。"他笑得更得意了，一边把本子揣回兜里，一边说。

"你这是在偷艺呀！"我也笑起来。

"唉！要是指望师傅主动教手艺，一辈子也学不会呀！学艺嘛，就得自己多点儿心眼，偷偷摸摸地学，暗地里好好琢磨，把本事学到手才是最重要的，你说对吧?"他感慨了一番，反问道。

师傅不在，小伙子话也多起来。在得知我是老师后，他说自己在上学的时候不喜欢学习，因为不想被老师天天逼着写作业，初二的时候就辍学回家了。干了几年零活儿，觉得只有掌握了一门技术才能挣钱养活自己，便开始学修车。之所以到这个地方来当学徒，就是看上了师傅的手艺。"我师傅手里有绝活儿!"说这话的时候，小伙子脸上满是敬重。

同一个孩子，上学的时候老师苦口婆心地要他学习，他却越来越不想学习，下了学，到师傅这里来学手艺，师傅不想教，他却变着法儿偷着学，偷着练，还学会了及时总结。在我们的学校里，最现实的情况是学生不愿意学，老师想方设法地教;学生推三阻四地逃避做题，老师急得满嘴燎泡、张牙舞爪，气急败坏之下还会做出体罚学生的事儿。但在这些学艺的行当里却是恰恰相反，师傅变着法儿不让徒弟见着真经，徒弟为了学习简直是讨好卖乖一起上，耳听眼看一起来。师傅做得悠闲，徒弟学得辛苦，学得悲壮，学得如饥似渴。

老师和师傅都是在教别人东西。同样是教育人，为什么师傅与老师之间的地位会有这么大的差距，徒弟与学生之间的劲头会有如此大的差别?

究其原因，我觉得有以下几个方面:

一是远与近的问题。我们学校教育的内容属于奠基性质的，与学生的生活相距甚远，换句话说，学不学函数，会不会方程，都不可能马上影响学生的社会生存。但是手艺的习得是现实的，今天会了明天就能用来赚钱，它离生活很近。自然，学生的学习就成了一种"被教"，学徒的学习则是心甘情愿的"求学"。

二是宽与紧的问题。师傅不是专门的职业，带徒弟属于捎带着的事情，没有人去要求师傅必须带出什么样的徒弟，也没有人会用徒弟的水平去考量师傅的能力，对于师傅来说，自然是慢悠悠地带徒弟就行，这种教的氛围是很宽松的。而老师则不同，作为一种职业，老师其实就是靠学生吃饭的，学生的成绩就是老师的业绩，学生的分数就是老师的分数。换句话说，老师的一切都攥在学生的手里，职称、荣誉、褒扬哪一样不是来自学生的分数？这样一来，老师的生存环境就显得很紧迫了，也就不得不对学生低声下气、苦口婆心，也就不得不求着学生去学，逼着学生去学。

三是吸与斥的问题。就像上面的徒弟说的，徒弟寻找师傅都是奔着师傅的绝活儿去的，可以说是被师傅的本事"吸"过去的。去之前就已经对师傅顶礼膜拜至极，一旦有幸拜在师傅门下，自然是对师傅尊敬有加，言听计从，学起来也一定是全力以赴，倾力而为。学生与老师的关系则完全相反，师生的缘分由学校确定，你分到了某个班，就成了某些老师的学生，由不得你选择。在师生磨合期，若是老师有让学生佩服的地方，这种师生关系就能带来好的学习氛围；若是老师没有什么特色，吸引不了学生，学生就会慢慢排斥老师。这样一来，学习的事就变得麻烦起来。

看来，要想改变学校教育的存在状态，就要想法儿把老师变成师傅，虽然有些"硬件"不是老师能够改变的，但是老师也还是可以尽可能奔着师傅的方向去走的。比如，教材不能变，但是我们可以把自己的课上得"生活"一些；分数很重要，但是我们可以在兼顾分数的前提下，让学习的功利味稍微淡一些；哪些人成为自己的学生咱说了不算，但是我们可以多练几把"绝活儿"，拿捏住更多学生的心……

如此种种，让老师成为师傅，学生也就更有学徒的味儿。

木匠与根雕师

同学的朋友是个根雕师，据说在圈子里还颇有名气。周末相聚，谈家庭，谈生活，自然就谈到了孩子，而孩子的教育问题则成了整个晚上谈论的话题。

"我那个不争气的儿子呀，天天闹着学美术，放着正道不走，偏偏要走歪门邪道。"同学叹了口气，有些气愤。

"我倒是看他在美术方面挺有特长的，这也是一条出路呀！"见过同学儿子的作品，在我看来同学的儿子很有天赋。

同学的儿子在一所不上不下的高中读高一，成绩一般。按照这所学校历年的高考情况来分析，孩子考一所好大学的可能性几乎为零。但这个孩子特别喜欢画画，一直想转到学校的美术班学美术，而我的同学则坚持要他学普文普理，因为在我同学眼里，只有考普文普理才算是正道。爷俩儿为这事天天冷战，偶尔还会来一场"真刀真枪"的唇舌之战。

"那也是出路？人家能考正儿八经的大学，他为什么就不能？"同学一再强调他理想中"正儿八经"的大学，满脸都是不屑。

"我看呀，能雕成牛的咱就不要雕成马，你得看看他是什么样的材料。"同学的朋友喜欢拿他的根雕说事，见我们都不吭声，便接着往下说，"我们做根雕就是根据每一根树根的自生形态，有针对性地进行构思立意、艺术加工和工艺处理，创作出各种不同的根雕作品。"

同学与朋友的争辩还在进行中，我却想起了另一个行当——

木匠。

小的时候，谁家要是有闺女待嫁，必须得邀请几个木匠到家里做嫁妆。这个时候，主家就把积攒了多年的大原木搬出来，几个木匠动用锯、刨、斧等简单的工具，把形态各异的原木做成规格和形状相近的柜子、桌子等家具。印象比较深的，还是为了做一个椅子弧形的靠背，父亲请来的木匠硬是把一截双手才能掐过来的木头削成了细小的弧形，去掉的木屑，应该是做成椅背的木头的好几倍。现在想来，实在是一种浪费。

木匠与根雕师，同是以木头为加工对象，只不过根雕师讲究顺自然之形、溢自然之美、成自然之品，顺势而为地把看似无用的废料做成了艺术品。而木匠则是早就定好了成品家具的模样，不管手里拥有的木头如何，只需按照自己心里预设的思路，不惜浪费和损毁大量的材质，把良木加工成整齐划一的家具。

再看我们今天的教育，教师和家长们颇似一群恪守职责的木匠，一直那么兢兢业业地把各具神态的、独特的生命个体，不断地削、刨、截成符合某一规则的"成品"，并自以为是地认为，这就是我们的成绩和荣耀。

其实，教师和家长更应该像一名"根雕师"，面对各种树根、树瘤或者变异了的木头，能够从中发现价值，并因形而雕，因势而刻，最大可能地根据根的特点，雕刻出不同形态、各具神韵的艺术作品。

我们的目标是什么

周末，我遇到两个刚刚爬山回来的朋友，还在相互挑剔着彼此的登山之旅。

"你今天算是白去爬山了，不到山顶算什么爬山？你不知道，站在山顶极目远眺的感觉太爽了！"朋友 A 有些兴奋，说起话来也掩饰不住内心的自豪，边说边展示站在山顶俯拍的照片给我看。

"算了吧！你就那么拼命地往上爬，眼睛只盯着脚底下那点地方，除了自己的脚，你看到一路上的风景了吗？我自始至终就没打算到山顶，能爬到山中间就不错了。再说了，我见的山间美景恐怕你也没有看到吧？更何况我还收获了这么多宝贝呢！"朋友 B 马上反驳。他只爬到了半山腰，旅行袋里装满了形态各异的石头，这就是他边走边捡到的"宝贝"。

"谁稀罕你那宝贝呀！我登山的目标就是爬到山顶，体验一把'一览众山小'的感觉，所以再累也感觉值，再单调也心甘情愿。"朋友 A 也不示弱，用手扒拉了一下"宝贝"，很不屑地说。

"来，你给评评理，我们两个到底谁收获最大？"朋友 B 把我拉到他们中间，一副非得评出一二等奖来的样子。

"你们都是收获最大的。首先你们都达到了自己定的目标，一个到了山顶，一个到了山腰；其次你们都得到了自己想要的东西，你找到了感觉，你找到了宝贝；最关键的是，这些目标都是你们自己定的，所以不管累与不累，得到与失去，你们都会觉得很值，对吧？"就在他们听得发呆的时候，我接着说，"就像我只喜欢待在家里享受清静一样，我连山脚都没去成，也觉得挺满足，你们说是不是？"

"也是，要是非拽着你一块儿爬山，你还不得愁死！"朋友 A 大笑。

"要是非得强迫我爬到山顶，我也得愁死！"朋友 B 装出很痛苦的样子。

"所以，同样是爬山，累与不累的关键不在于从山底到山顶这个过程，而在于那是不是你想要的经历。"一般在这个时候，我都得来个这样的总结。

"你这么一'哲学'倒是让我想起了上学的时候，咱这些学生那么厌学，或许就是这个原因吧！"朋友 A 一本正经地说。

"不用'或许'，确实就是这个原因。"我说。

如果把教育当成一次爬山经历，我们最大的失误就在于给所有的登山者一个共同的目标，那就是爬到山顶，成为英雄。但事实上，山顶很狭窄，根本容不下那么多人，所以就有了拼抢和挤压，就有了残酷的竞争和惨痛的失败。最为可悲的是，我们根本就没有去问过那些登山的人，他们的目标是什么？山顶，山腰，还是山脚？谁是登山的人？老师是，学生是，我们都是。

其实，今天的教育已经不再是那个背负着改变人命运的使命的教育——考上大学，也未必就会有美好的未来和锦绣前程；考不上大学，也未必就会一败涂地，一发而不可收。按道理来说，我们不应该再存有严重的教育焦虑。事实上，我们却实实在在地在焦虑着。

这或许是惯性的力量，抑或是一种不能自控的思维，但无论如何，我们可以试着问一下自己和学生：我们的目标是什么？

第三章

找到一种最好的表达

    不管用何种方式，只要生动讲述了一个人的教育生活故事，捕捉到了人物间的心灵颤动，有了自己的思考和感悟，给了读者以精神震撼，就是最好的教育叙事。

留存精彩的瞬间

扫 码 听 书

也许只是一个细节、一个瞬间，却足以让你有所思考、有所感悟，这就是片段的价值。教育生活中的片段，犹如一粒粒珍珠，或独自发出耀眼的光芒，或缀成生命的风景。当老师的，就是要善于捕捉这些稍纵即逝的精彩瞬间，细心打磨成文章，这是叙事的一种重要姿态。

不会的同学请举手

今天中午到一所学校听课。老师在讲解完一个问题后问："听懂了吗？""懂了！"孩子们几乎是异口同声地回答。老师满意地点了点头，在转身板书时又说了一句："不会的同学请举手！"教室里一下子静了下来，孩子们有的回头看，有的左右寻找。老师在板书完一个问题后，转过身来说："很好，看来同学们都会了，我们讲下一个问题。"

其实，在教室后面一个不起眼的角落里，有只手一直在举着，虽然举得不是那么高，但是我看见了。从老师说出"不会的同学请举手"这句话，他就举起了自己的右手，直到老师开始讲下一个问题，他才无奈地放下了自己的手。我们经常听到类似的问话："不会的同学请举手！""谁还有什么疑问？"但是，这些问话在大多时候只是一个不用回答的"假问"，也就是说，老师在提出这个问题的时候，就已经开始准备下一个环节了，这些话除了起到承上启下的作用外，并没有其他什么用处，充其量只是连接两个教学环节的过渡语言。

在很多时候，特别是公开课上，老师说出"不会的同学请举手！"时，在内心里其实是不希望也不需要有人举手的。因为你在这个时候不合时宜地举起手来，一是会打乱老师预设的教学程序，影响教学时间；二是会影响这节课的美观与华丽。也可能，在很多举行公开课的老师看来，这句话只是一种虚让，一种礼节性的程序，就像是遇到了不想招待的客人，却又碍于情面不得不说"改天我请你吃饭"一样，成为一种必需的客套话。

课堂上的"举手"有两种情况，一个是"会的同学请举手"，再一个就是我们刚刚说的"不会的同学请举手"。

同样是举手，对学生来说前者更自豪、更幸福，而后者则要痛苦得多；前者需要的是激情，后者需要的是勇气。我不知道，今天在课堂上举手的那个学生，是下了多大的决心，愿意承担多少轻视的目光，才勇敢地举起自己的右手。我也不知道，当用勇气举起的右手无人关注的时候，他放下的除了手，是不是还有继续举手的勇气。

同样是举手，对老师来说前者是一种肯定，后者则更多的是麻烦。很多老师希望的是，当"会的同学请举手"的声音一落，教室里齐刷刷地举起手来，那既是一种对自己课堂的肯定，也让自己的课堂更加顺畅；如果万一没有那么多举手的，老师也会一边鼓励学生举手，一边在教室里认真寻找可能举起的手。相反，当"不会的同学请举手"这句话问完后，老师希望的是一个举手的也没有。在说这句话的时候，很多老师大多是一边板书一边说，或者是在转身的当儿顺便一提，根本不会去真正关注那些矮矮的、怯怯地举起的手。

多么希望，我们的老师在享受优秀学生带给我们的课堂繁荣的时候，别忘了在教室的一角，可能还会有我们没有发现的、最需要帮助的孩子，还有许多默默承担着失败、困惑，在迷茫中独自前行的孩子。

他们更需要我们。

请家长到校，慎重

今天算是正式接班，也就在今天学生打架了。

中午第一节课，一位老师告诉我说八年级一班的邵把他们班的学生给打了，希望我能够把邵的父母叫到学校来处理这件事情。

邵长得人高马大，在班里很惹眼，属于我最先认识的三五个人之一。他是学校体育队队员，长期的训练给了他一身的力气和好动的性格。在他的周围"团结"着一帮人，确实有些一呼百应的味道，他成为班里地地道道的非官方领袖人物。

在我看来，"请家长"应该是学校教育的最后一道防线，也是班主任管理特殊学生的撒手锏，不到万不得已，家长是不能随随便便请的。因为一旦家长到了学校，也就意味着学校教育的无奈，既不利于教师威信的建立，更不利于问题的真正解决。更何况，像邵这样的学生在这八年里一定多次被请过家长，再叫来一次估计也不会有多大的效果。

我还是希望能够先找邵了解清楚事情的经过，再作打算。放下手头的工作，我径直向体育队经常训练的地方走去，转了一大圈也没有找到邵，再到教室和各楼层的墙角旮旯，依然没有。正在焦急地做着各种猜测时，八年级四班的班主任王老师告诉我，她们班也有一个学生参与了打架，学生们都在综治办接受处理，学生的父母们都已经被叫来了，包括邵的妈妈。

我到综治办的时候，父母们正在因为谁是谁非、谁打了谁几拳而争论不休，从他们的吵闹中我也终于明白了事情的缘由：昨天下午，八年级七班的一个学生与四个同学一起打了八年级四班的马（算是年级的名人，我到这个学校后认识的第一个学生），于是马便邀请我们班的邵帮忙"回敬"了八年级七班的那个学生。

父母们的争论越来越激烈。而那些惹事的学生则在一旁笑嘻嘻地当起了观众，只是偶尔为辩论的双方提供一些"证据"。最终，八年级七班的学生家长坚持强调说自己的孩子肚子疼，要求打人的学生的家长出钱到医院做个检查。开始，打人的学生的家长们并不同意出钱，后在综治办领导的说和下，他们终于答应陪着去检查。而那些"肇事者"们则被要求各自回了自己的教室，包括邵。

因为需要陪同去医院检查，我和邵的妈妈只是简单地说了几句话。而邵，则又被"召回"体育队加班训练去了，因为运动会明天就开始了。下午，学校秋季运动会入场式彩排，在操场上我遇见了八年级四班的马，便低声问中午的事情他怎么看。他哈哈一笑，没事了，花点钱检查完了就没事了，我妈妈说的。

心里很不是滋味，本以为请家长到校的最大危害是教师借用家长完成了对学生的胁迫，算得上是一种狐假虎威的教育。却没有料到，还有一种可能，那就是家长到校后就已经没有了教育，教育的价值已经变成了零，甚至是负值。

请家长到校，真的应该慎重！

孩子，那是他们在关注你

看《我是大明星》，一档很草根的电视节目。

正在演唱的叫周小龙，一个因早产而残疾的大男孩。虽然走路的姿势与常人有着太多的不同，虽然从小就没有父母亲情，但是很开朗，看不出半点的自卑与畏缩。他的爷爷奶奶，两位真正把他养大成人的老人，讲了一段关于周小龙的往事：小时候的周小龙，因为早产造成腿部畸形，他怪异的走路姿势，常常引得其他小朋友在后面模仿，小龙因此不愿意出门。他的奶奶就告诉小龙说："那些孩子是因为关心你才学你走路的，他们是在关注你。"小龙说，他就是靠着奶奶的这些"谎言"才敢走出家门，才敢面对那么多人的目光。虽然长大以后，也知道了那些模仿其实是一种歧视，但是因为有了阳光的心态，那些过去的阴影已经荡然无存。所以，他活得很阳光，很自信。

不知怎的，就忽然想起了小杨。

那年，我初为人师。班里有一个孩子叫小杨，和我同村，因为一场意外，很小的时候就失去了一只胳膊。来上学的第一天，他的爸爸和妈妈早早来到办公室，请求我对孩子多加照顾。我自然是一口应允，不为了那份高尚的师德，就是人人都有的怜悯之心，也足以让人情不自禁地对他百倍呵护。

开学不过二十多天，我正在办公室里批改作业。班长慌慌张张地跑进来告诉我，小杨的爸爸把二猛打了。跟着班长跑到教室，小杨的爸爸还在那里指着二猛呵斥。原来，生性调皮的二猛在昨天放学的时候，故意把一只袖子褪出来，把胳膊紧紧贴在身子上，使劲甩动空荡荡的袖子，并且边甩边喊："大家快来看，我也成了一只胳膊喽！"被人模仿的小杨回家后哭个不停，他的爸爸愤而到学校找二猛"算账"。

为师的正义感和神圣感让我下定决心要保护小杨，不仅把二猛狠狠训斥一顿，还让二猛当着全班同学的面给小杨道歉。最让我有成就感的是，我在班里下了一条"死命令"：任何人不准取笑小杨，要多帮助小杨。

两天后，小杨退学了。他爸爸来取书包的时候，很无奈地告诉我，小杨死活就是不愿意到学校，待在家里一整天都不出门。

去年春节回家过年，我见到了小杨的父亲。已经颇显苍老的他第一句话就是："唉！小杨这孩子算是毁了，三十的人了，天天待在家里不出门，也不与别人说话，还得靠我养着，什么时候是个头儿呀！"

今天晚上，我才明白，是我和小杨爸爸的"保护"害了小杨，正是我们对"模仿"事件的重视，让他确认并加深了对"残缺"的畏惧，也因此走进了封闭的世界。对于那些脆弱的心灵，我们首要的是给他们走下去的勇气和心灵相融的可能，那些自以为是的规避伤害的行为，对孩子来说也许是最重的一种伤害。

如果，那一天，小杨的爸爸，或者是我，能够像周小龙的奶奶一样对小杨说："孩子，那是他们在关注你！"事情的结果会怎么样我们已经无法预测，但是，至少小杨会在我们班级里继续走下去。

这，是可以肯定的！

做一个从容的教师

这几天，我到了一些学校与青年教师进行交流。这个时间，恰是各个学校期末考试成绩公布的日子，自然也就见到、听到了很多关于分数的事儿。

"领导，你看这道题是可以少扣 0.5 分的，是不是给加上这半分？"路过一所学校教务处门口，一个老师拿着一张试卷在与看似是教务主任的人"协商"。"这可不行，得让阅卷的人复核成绩，咱不能乱改分数。再说了，半分也无所谓，谁也不会在乎这一点儿分的。"那位主任坚持得很有分寸，没有退让的意思。"谁说无所谓了，这个学生考了 84.5 分，有了这半分就是 A，我们班的数学成绩就多了一个优秀名额呀！"

"老师，你看我的试卷少加了 5 分。"一个学生拿着试卷对正忙着查优秀个数的老师说。"真的？快拿过来我看看。"老师放下手里的成绩单，接过试卷看起来，"哦，考了 74 分呀，已经及格了，再加上 5 分也不到 A。不用改了，我知道就行了，你回去吧。"老师眼里瞬间燃起的火焰又在瞬间熄灭了。

现在的小学，考核老师不用平均分，多采用等级评价。计算老师的成绩，一般就是数一数这个班级的学生考了几个 A、几个 B……所以，误判的分数需不需要更正，不在于分值的大小，而在于这个分值是不是可以改变学生的、老师的"等级"。

在另一所学校的走廊，两个老师边走边聊。"四年级老师真卑鄙，说好了阅卷的时候都宽松一些，能给的分数都给加上，咱是真的给他们放宽标准了，可你看他们把咱们年级的分给压得这么低，这年头谁都不能相信了呀！"年长的愤愤地说。"就是，就是，下一次咱得扣得狠一点。"年轻的附和着。

这所学校教学楼大厅的宣传栏里，赫然贴着一张各班级各学科的量化分数，后面跟着的是任课教师的姓名和所教学科在年级里的名次。还有一个说明，大意是号召老师们向取得前两名的老师学习，最后两名的老师要在假期中认真反思。几个老师站在宣传栏前，或欣喜万分，或愤愤不平。"唉！看来以后咱也得像某某一样使劲逼学生了，你看他才比我高 0.3 分就受表扬了，而我就得反思，这脸丢大了。"一个中年教师叹了一口气，摇着头走开了。

原来，成绩和名次有时候只是松一点紧一点的问题。太过严密的量化考核，让多少老师不得不舍弃了教育和课堂的本原，而是围绕着分数下起了教育之外的功夫。

其实，作为教师，我们越是渴望成功，越是需要从容。否则，我们的一切忙碌只能是劳作，不再有创造的灵性；一切追求只能是功利，不再有心灵的满足；一切质量只能是分数，不再有成长的本原。

或许，我们可以试着舍弃一些，做一个从容的教师，享受生命，享受教育，享受人生该有的那份惬意和幸福。这，也许才是教师最应该拥有的生命底色。

还有多少偶然没有被发现

"老师您好，我是小慧，我今天开始上班了，在广播电台。"一口流利的普通话从电话的另一头传过来。"是吗？太好了，祝贺你！"除了祝贺，我心里最多的还是幸福，那种分享学生成功的幸福。"老师，谢谢您，要是没有您就没有我的今天。"她的声音缓了下来，时间好像回到了几年前。

小慧是一个插到我们班的复读生。可能是因为自己特殊的身份，入班一个多月里，她一直坐在后面的座位上，静静地发呆，沉默。那时候我们班里的学生达到了九十多人，毕业班的教学任务又重，班级管理也常常让我感到有些力不从心。我对这个来班里复读的小慧没有更多的留意，只知道她是一个习惯了沉默的孩子，从她原来的班主任那里知道了她的沉默是一直伴随着她的，初中三年，很少听到她和别人说话。

有一天的语文晨读时间，语文老师临时有事，让我替他看着学生读课文，我习惯性地转到了教室的后面。"先帝创业未半而中道崩殂，今天下三分，益州疲弊，此诚危急存亡之秋也……"谁读得这么好听？顺着弱弱的声音，我看到小慧正在聚精会神地朗读课文，虽然声音很小，但是很有穿透力，清脆而流利，圆润而标准，在这些半土半洋的读书声中格外引人注意。

原来，这个沉默着的孩子竟然能说这么好的普通话，细细想想，这么长时间了，我竟然没有提问过她，没有听过她说一句话。我为自己感到汗颜，更为这次偶然的发现而振奋。在以后的日子里，我除了多提问她，让她的声音经常响在我的数学课上外，还在班会上专门让她读每周上榜人物的颁奖词，她的声音赢得了阵阵掌声，她的性格也变得越来越开朗。在学校组织的新年演讲活动中，我让她代表我们班参加了演讲，结果取得了优异的成绩。荣誉的力量是无穷的，在鼓励声中她变得越来越活泼，越来越自信。

一年后，她如愿以偿地考上了理想的高中。高二的时候，她打电话跟我说想考播音主持专业，不知道自己有没有这个能力。幸好我有一个高中同学在电视台，是一个资深播音员，于是就把她介绍给我的同学。在我同学的帮助下，她的语言素质得到了迅速提高，高中毕业后顺利考进了播音主持专业，圆了自己的梦想。

我庆幸自己这次偶然的发现，让一个孩子没有在自卑中淹没美好的人生；我也内疚，内疚于自己没有主动去了解孩子，主动去问一句"孩子，我能为你做些什么"。我在想，还有多少"偶然"没有被我们发现？

给"最棒的"一个理由

刚刚参加过一所学校的班主任素能大赛，比赛分为两个环节，一是现场答辩测试，一是完成一节主题班会课。

班会课上，一个很温柔的女教师正在组织学生讨论问题。

"我们请最棒的小 A 来回答这个问题……"

"我们请最棒的小 B 来回答这个问题……"

……

接连下去，她一口气请了八九个"最棒的"学生回答了不同的问题。细细观察，每一个被称为"最棒的"孩子的脸上既没有掩饰不住的兴奋，也没有被表扬后的骄傲。"最棒的"这个对于低年级孩子们来说比白糖水还要甜的赞誉之词，在这里竟变得像白开水一样索然无味。

为什么？这种疑问在我心里慢慢弥漫。

"老师，我们到底谁是最棒的呀？我比他们棒吗？"一个同样被称为"最棒的"男孩在回答完问题后，很是疑惑地问。应该说这个孩子的回答是很出色的，比起前面的孩子来确实要优秀得多。或许，也正是有了这种感觉，他才会"天真"地提出这个问题，也许是为了得到一个公正的评价。

"噢，在我的心目中你们都是最棒的呀！好了，坐下吧。我们再请……"女老师明显地感觉到这个问题有点棘手，只好来了个模糊回答，然后生硬地阻断了孩子的问题。

是的，孩子都需要鼓励和赞美，作为教师给每一个孩子以激励性的评价是值得肯定的，并无可厚非。但是，如果这种赞美没有了针对性，就会让美好的东西失去价值。这位老师最大的失误是把"最棒的"仅仅作为了一个定语、一个前缀，一个可有可无的装饰物，既没有赋予它情感的灵魂，也没有明确的价值判断。

如果把"最棒的"放在孩子回答完问题后，如果，我们能够这样去说："你都会自己讲故事了，你真是最棒的！""你把毛毛虫回家的路给找出来了，你真是最棒的！"

……

这样一来，孩子就可以知道自己到底是因为什么而"最棒"，为了什么而受到称赞。

作为老师，无论什么时候请记得给"最棒的"一个理由。

给学生一个什么样的梦想

今天课赛的大主题是学习心理，其中有几节课涉及学习动机。

有一节课，老师先是对学习的重要性进行了强调，然后列举了一个实例。他讲的是自己曾经教过的一个学生，智力水平一般，但是通过努力和勤奋，而考取了某某重点大学，后来成了大公司的白领，现在过着衣食无忧的光鲜生活。最后，老师把这个学生的成功归结于想要"出人头地"这个强烈的学习目的，以此来说明学习动机的重要性。然后，老师抛出了一个问题：你学习是为了什么？简单思考过后，几个学生说出了自己的学习目的：找个好工作，考个好大学，让爸爸妈妈高兴，获取知识，开公司，当老板……所有的回答，老师都给予了高度的评价，并倍加赞赏。显然，这些正是老师所希望的。

还有一节课，讲课的是十六中的杨老师，年轻而富有朝气。她以"梦之队"队长的身份介绍了"梦想团队"里的成员：莱特兄弟，两个穷苦的放羊小子，两个有着飞翔梦的青涩少年，最终发明了飞机；杨利伟，一个从小渴望飞向太空的普通孩子，最终成为中国第一个进入太空的人；李安，一个时刻记得自己心里梦想的电影人，最终成为三捧奥斯卡小金人的著名导演……这些成员，涉及孩子感兴趣的各行各业，每一次展示这些名人少年时与成功后的对比照片，都会引起学生强烈地回应，整个课堂似乎都被梦想灼热。当老师问到"将来你要成为什么样的人"时，学生的回答很踊跃：舞动世界的舞者，著名医生，金牌主持人，马龙那样的乒乓球冠军，一个快乐的人，一个幸福的人……梦想很多，成功的路径更多。

很喜欢杨老师在最后说的一句话："我们现在的梦想孕育着将来的生活。"这话没错，但我更喜欢自己猛然间顿悟的一句话：有了什么样的梦想，也就决定了你今天有什么样的生活。如果你的梦想是金榜题名之类具体而琐碎的，那么你今天的生活必定是心力交瘁的；如果你的梦想是缤纷而清晰的，那么你今天的生活必定是轻松有序的；如果你的梦想是一个幸福的方向，那么你今天的生活必定是快乐的。

　　梦想，不仅孕育未来，也改变当下。我始终认为，给学生一个什么样的梦想，对于我们教师来说，远比任何知识的传授更为重要。当我们过多地把功利性教育的责任推卸给今天的教育体制时，我们是不是也该扪心自问，我们为改变教育做过多少努力？是今天的教育体制和社会现实裹住了你，还是自己的心在拒绝真正的教育？这两个问题并不难回答。回到这两节课来说，这是心理健康教育的课堂，不是当今教育体制下的考试科目，应该是没有分数的束缚的。但，为什么我们还是不由自主地用"重点大学"来诱惑学生的梦想呢？为什么我们就不能像杨老师那样，展现给学生尽可能多的美好，给学生更多选择的机会呢？

　　说到底，真正影响学生的，并非只是教育体制。行走在教育一线的我们，也许更为重要。

讲述完整的故事

扫码听书

从一个完整的故事中发现蕴于其中的教育价值，这是教育叙事的主流。一次完整的叙事要做到：交代清楚故事的三要素——时间、地点、人物；讲清楚事件发生的情节——不说跌宕起伏也要曲折动人；告诉故事的结果——成功了还是失败了；揭示故事的价值——是经验还是教训。

除非，你拐个弯

这节课，我想用班里的实物投影仪给学生展示一下单元检测题的标准答案，却怎么也找不到多媒体展台的钥匙。平时，为方便班里任课老师打开展台，钥匙都是挂在黑板的一侧，现在却找不到了。

问学生，学生齐答："好几天没有见到钥匙了，班主任已经调查过，就是找不到。"

我知道，钥匙是不会自己跑的，一定有人给挪了个地方。于是，我做出很无奈、很痛苦的样子说："那真遗憾，咱这个答案就要手写了，费时费力的。"

教室里掠过一点淡淡的同情，"就是呀，要是有钥匙就好了。"很多人这样说。

"唉！"随后是一阵阵叹息。

我用余光瞄着早就对其有所"心仪"的小家伙，果然是有丝压抑不住的幸灾乐祸浮在脸上。

"津伯，老师请你帮个忙好吗？"

"干吗？我又没见钥匙。"

"不是找钥匙。是请你帮老师把答案抄在黑板上。"

"我写字不好，你找别人吧。"

"别人都不如你写得好，答案也不多，才四五张纸，抓紧写的话也就一节课的时间，要是写不完下节课接着写，帮帮忙！"软话里透着一股强硬，意思是你别无选择。

"那，我想想哈。我还是给你找钥匙吧，或许能找到。"

他四下瞅了瞅："老师你看，钥匙不是在那里吗？"那"瞅"里，都有点装腔作势。

顺着手指的方向，我看到钥匙静静躺在高高挂在黑板上方的音箱上。可以肯定，钥匙自己一定跑不到那里。但，只能笑笑。

"谢谢你，帮我取下来吧！"

桌子、凳子摞在一起，他身手敏捷，看起来很熟练，将钥匙顺利拿下来。

"挺熟练的呀！"

"是！噢，不是！"他笑，我也笑。只不过他挠着头，我没有。

既然把钥匙藏在一个无人知道的地方，就有他觉得很充足的理由；既然好几天都不愿意说出来，就不会在我的课堂上拿出来。

除非，你拐个弯。

让教育认识自己

那年，刚毕业的我在校办工厂干了半年杂活之后，便被"充军发配"到镇里一所联中任教。

我接手的那个初二班级共有 26 个学生，在这个联中里算是大班额了。这群孩子朴实得有些简单，考试成绩简单得有些寒酸，与中心校的孩子比起来，分数最高的也比人家的最后一名差一大截子。于是，他们学会了自卑，在校长一遍遍对比他们与中心校的考试成绩之后，在老师一次次训斥他们的愚笨与无能之后，他们学会了低头走路，学会了自暴自弃，学会了玩世不恭。

第一次上课，年轻气盛的我给他们讲人生、理想和未来。他们蔫头耷脑，似乎没有人理会我的高谈阔论。再讲，终于有一个孩子站起来说："老师，你说那些有什么用，我们比人家差远了，跟中心校比都差一大截，更别说跟城市的学校比了。"下面是哄笑，麻木的，无所谓的，似乎笑的是别人，而不是自己。他们已经习惯了卑微，并且是在骨子里。

我说，其实我们都有一样东西是别人所没有的，不信，我们就一起找找看。第一个被我"逼迫"着站起来说自己"绝活儿"的那个孩子，整整愣了七八分钟没说出话来，诱导启发，加上其他孩子的七嘴八舌，终于找出一件来：他是村子里憋气时间最长的人。据说，他随父亲到河里洗澡，几个成年人和他比水下憋气，他把他们一一比趴下了。我说，你真厉害，我连半分钟都憋不住，城里的孩子更憋不住。一下子，班里热闹起来，这也算本事呀，那我也有，学生们一个个来了精神：爬树最快的，用石子打水漂最多的，游泳最远的，力气最大的，写字最漂亮的，看电影最多的，单脚站立时间最长的……那一节课，没有学习一个数学公式。我们就是以这种自娱自乐的形式，寻找着自己身上近乎卑微的长处。

两年后，当他们毕业的时候，我也离开了那所学校。走的时候，我是带着无法言表的痛心离开的。26 个孩子，学习最好的涛在初二下半年就转到了城里的学校。剩下的 25 个学生，只有一个孩子考上了一所普普通通的高中，其他的都顺理成章地回到了村子里，接着过他们早就注定好的生活。我的两年教育，他们多年的学习生活，似乎并没有带给他们任何有价值的东西，也没有改变他们的生活轨迹。

多年以后的一次中秋回家，他们组织了一次聚会，邀我参加。26个人，除了涛，全部到齐。他们让我点名辨认，看着已经成熟并有些小小沧桑的脸，我只好如实回答：不敢认了。班长出来解围，他让自己的同学一个个站起来向老师汇报：我是憋气最长的浩，现在经营一家板材企业，有四条生产线；我是爬树最快的林，现在做板材营销，主要是对外出口；我是游泳最远的亮，现在在班长的厂子里当生产厂长；我是单脚站立时间最长的华，现在搞养殖，有两个孩子，老婆也很漂亮……没想到，他们用十七年前那节课的"特长"介绍了自己，不管他们的生活富裕与否，不管他们的今天成功与否，他们都记住了自己，并因此而快乐、开心。

最后，聊到了涛。当他被父母强制带离我们这个班级时，他哭了。半年后，他曾经给全班同学写过一封信，说了很多自己的苦恼。

转到新班级，与别人的差距被看得更加清晰，也更具体，父母开始不停地为他找人辅导。周末、假期，甚至是在放学后，他都要不停地补习，不敢放开地玩一会儿，不敢开心地笑一回，万幸的是他的分数也确实有了提高。后来，他考上了高中，之后考上了一所大学，大学毕业后他却没有找到工作。因为长期的封闭学习和不断增加的压力，他变得不善于和别人沟通，言行木讷迟钝。班长曾经想邀他到自己的公司工作，但他坚决拒绝，至今待在家里不肯出门。没有工作，也没有老婆。当他们把关于涛的信息接龙似的串起来，我分明看到了那个曾经阳光自信、成绩骄人的涛是怎样地一点点被压抑，被埋没，被扼杀。班长说，其实我们都比涛幸运，因为在我们步入社会的时候，您给了我们自信，让我们清楚地认识了自己，知道自己应该要什么，可以要什么，并能够理性地对待生活中的得失荣辱。你看，不管我们在从事什么样的职业，我们都是知足的、开心的、充实的，所以我们就都过得很幸福，很满足。

有人问希腊七贤之一的泰勒斯："何事最难为？"他应道："认识你自己。"是的，在很多时候我们无可避免地跟自己保持着陌生，我们搞不清楚自己，我们不知道怎样的生活才是合乎自己本性的，怎样的目标才是最契合自己的，所以我们会痛苦、会失败，会有悲剧频频发生。

知人者智，自知者明。对人来说是这样，教育亦当如此。教育的本原应该是引导、完善、提高人的生命品质，而不是给予、改变、创造新的人生，这是教育最朴素的真谛，也是我们每个教育者应该铭记的信仰。给教育本身一个理性的审视，弄清楚为什么而教育。只有这样，我们的教育才有可能真正认识自己。

缺了一个角的试卷

中午的数学课，进行了一次单元检测。

在发试卷的时候，我发现有张试卷缺了一个角，虽不影响做题，但看起来不是那么美观。因为试卷数与学生数一样，没有多余的试卷，这就意味着必须有一个同学使用这张特殊的试卷。

发给谁？怎么发？

以前也曾经有过类似的事情，如果老师直接把一张张试卷发到学生手里，拿到这张试卷的同学大多会要求换一张，即使勉强留下，心里也会很不痛快。

这一次，我打算换一个方式，把一摞试卷让学生自己从第一排向后传，而这张试卷则放在最上方。我想知道，下面将发生什么！

我用余光紧盯着那张特殊的试卷：那个很优秀的班干部，看了看那张试卷，犹豫了一下，还是从底下抽了一张；那个学习尖子，顿了不到一秒的时间，迅速地抽了张完整的试卷；那个大家公认的好学生，则是毫不犹豫地抽出来一张试卷；那个从来不做试卷的小永，也是挑三拣四地选了一张好试卷……

一次次渴望，一次次失望，试卷已经传到了倒数第二排的座位上。或许，我所希望的事情不会发生了，还是把我的那张试卷送给最后一个同学吧，真的不愿意让最后一个同学担起这个不公平的待遇。转身回到讲台去拿我的那张试卷，回来的时候试卷已经传完，而最后一个同学手里的那张试卷并没有一点儿破损。

环顾四周，那张特殊的试卷静静地躺在张宇的桌子上。我把整件事情讲给同学们听，并表扬了张宇，同学们则给张宇以热烈的掌声。

"老师，我不是专门拣了这张坏试卷，只是这张试卷在最上方，按顺序拿就是这张呀，没有什么好表扬的。"掌声中的张宇，涨红了脸。

"在你还有机会挑选试卷的时候，你选择了按照顺序拿属于自己的那一张，这就是我表扬你的原因呀！"我得让这个容易羞涩的小男孩知道，能够坦然地接受这张不完美的试卷，这本身就是一种美丽。

其实，人的一生总会遭遇各种不如意的事情，如果你在无法选择、不可规避的情况下，选择了坦然接受，这算得上人生的理性和豁达；如果你在有机会把这些不如意抛给别人的情况下，选择了坦然接受，这就是人性的光辉。

不是吗？

苹果种子

难得清闲，我正一个人坐在办公室看书。

"老师，他乱扔垃圾！"两个孩子"押"着一个瘦瘦的男孩走进了政务处，后面还有三四个孩子跟着。

"我没有！"那个男孩极力挣脱挎着他胳膊的那两个孩子，并大声争辩。

"老师，他撒谎，你看这就是他扔的垃圾，我亲眼看见他把这个扔到了大花盆里，还用土埋上了。"旁边跟来的一个孩子把手里一直攥着的"罪证"递到我手里。这是一枚苹果核，上面沾满了泥土，看来是真的从大花盆的土里扒出来的。因为学校面积小无法种植大量绿植，于是就在塑胶操场的周围用几个特大的花盆养着一些花树。因为盆的直径特别大，所以有些学生会把吃过的果皮等随手扔到盆里。

"不是!"那个男孩的脸开始变得通红，眼泪也在打转。

"就是，就是。我们亲眼看见的!"周围的孩子有些群情激愤，"哼! 做了坏事还不敢承认，老师你该给他们班扣分。"

"没有，老师我真的没有扔垃圾。"男孩带着哭腔争辩道。

"那你能不能告诉老师到底是怎么回事?"

"我，我想种苹果。"男孩的话音刚落就引来了一阵哄笑。

"苹果是长在树上的，这么个小种子能长那么大的树吗?""苹果是嫁接的，不是种子种的，我爸爸就是嫁接苹果树的。"几个孩子你一言我一语地反驳着。

这么一折腾，我总算是弄明白怎么回事了，便对几个孩子说:"我也想知道这些种子能不能长出苹果树，这样吧，我们把它种在这个小花盆里，你们负责保管这个小花盆，看看里面能不能长出树苗来好不好?"说着，我随手拿过办公桌上一个小花盆，送给他们。

"好，我猜长不出树苗。"

"也许能。"

"就是能。"那个男孩抢过花盆把种子种下去，并把多余的果肉去掉，只种下了几粒暗红暗红的种子。

我真的不知道苹果树是不是种子长出来的，但是我知道这一定不是一个种植的季节。也许，即使在不适宜的季节，有些种子还是要播下去的，因为我们并不只是为了树的收获。

其实，每一个人自出生起就有了对新事物探索的欲望，问题在于我们是否为孩子提供了肯定好奇、鼓励发现的土壤，这才是我们需要认真反思的。

寻找属于自己的句子

这段时间，我给小学教师做的讲座多一些，和小学老师的交流也就多了起来。时不时地，会有年轻的小学老师以各种渠道讲他们的困惑和快乐。

一个走上教师岗位不久的小伙子，激情正浓，做任何事儿都渴望完美。前几天，学校领导安排他主持一次比较大的学校活动。他自然是兴奋地积极准备，全身心地投入。活动的前一天，他几乎没有睡觉——这些都是他后来才告诉我的。

活动进行得很顺利，领导在对活动进行总结时，表扬了很多默默为活动做着贡献的人，就连扯布帘子、挂灯笼的都表扬了。他是怀着满心的欢喜等待着赞扬声的，因为他感觉自己的主持很成功——这，也是他后来告诉我的。但直到总结结束，领导对他只字未提。他明显地感到不公平，好像领导冷落了他。

"我把活动的现场录像拷给你，你看看我的主持是不是优秀。"

我仔细把活动的现场浏览了一遍。他的台风确实不错，很镇定，也很自如；普通话很标准，就连他嘴里飘出来的那些句子也都华丽而流畅。看不出来什么大的破绽。按说，他是应该得到鼓励的，我也开始有点这样的想法。再看一遍，又一遍，我开始觉得有些地方似乎不大对味。

他的每一句话都很有味道，或睿智，或灵透，对仗工整，铿锵有力。但，都有些耳熟，眼熟。要么是在哪儿听过的，要么是在哪份主持词上读过的。反正，没有一句他的话在里面，哪怕一点点自己临时发挥出来的并不华丽的语言。没有，一句也没有。于是我告诉他，这次主持活动没有得到领导赏识的原因，或许就在于此。

他不服气："引经据典是我的强项，这说明我的积淀深厚，这有何不妥？"

我说："适当地引用别人的精粹是对的，但若满篇都是恐怕就不合适了，你把自己放在哪儿了？"

他仍是不服气。

我再问，"读过《白鹿原》吗？""读过。"他答。"读过陈忠实为这本书写的手记吗？""没有。"他老老实实地回答。我说，"陈忠实自己感觉《白鹿原》在语言风格上存有遗憾，便又写了一本创作手记，并借用海明威的一句话当了书名，这就是比《白鹿原》更具语言特色的《寻找属于自己的句子》。"我继续说，"在谈及海明威的这句话时，陈忠实有了下面的话：'寻找到了"属于自己的句子"，作家的独立的个性就彰显出来了。'你说，一个人是不是应该学会用自己的话语来解读，才能够彰显出自己的个性，才值得别人去欣赏？"他默不作声，过了许久，一行字在屏幕上蹦了出来："看来，我也得去寻找属于自己的句子了。"

其实，需要寻找自己的句子的，绝不仅仅是这个年轻人。

据报载，某市在对百余所中小学教师专业发展状况的调查中发现，在教学风格、专业知识、理论素养、科研选题等方面，某些区域或学校的教师出现了千人一面的现象。有人戏谑，如果抛开音质的优劣，一所学校同学科教师讲的课几乎可以说是用录音机录下来的；如果抛开学科学段的差异，全国的课堂几乎都是一个模子刻出来的。这话虽是笑谈，但教师成长"越走越近"的现象却是一个不争的事实。这种教师专业发展"同质化"倾向，不仅严重影响教师的健康成长，也不利于学校的多元化、特色化发展，更不利于学生的个性化成长。上海交通大学许杰教授在谈及自主招生问题时说："通过这几年自主招生的实践，我们可以发现，学生的表达能力普遍比以前强，但是有独到见解的学生还是不多，谈十个问题，想法都差不多。"事实上，在教师同质化和功利教育的影响下，学生缺少自主意识和创新能力已经不仅仅体现在自主招生这样一个问题中，而已经成了一个普遍的、具有时代印痕的社会问题，值得教育界和整个社会警醒和反思。

一个习惯于模式化的群体，一种缺乏独立思考能力培养的教育，怎么能够成就一个有创新意识的民族？我们是不是都应该去寻找"属于自己的句子"？

师生关系不需要技巧

一位青年教师在 QQ 上留言，讲了自己在班级管理方面的困惑。他说他是一个很喜欢学习的人，喜欢读书，喜欢听名师和专家的报告。他也因此学会了不少与学生交往的策略，并在管理学生的过程中一直坚持借鉴一些好的做法。但是，他现在感觉学生离他越来越远了，很多沉默地对抗就说明了这一点。虽然他用尽了各种办法，但与学生之间的隔阂却无法消除。

他问我，"你是用什么办法来亲近学生的？你用了什么技巧让学生那么信服你，依赖你，相信你？"我被他的问题给难住了，认真想了半天，也没有发现在与学生关系上我有什么好的办法，更不要说什么独门绝技了。其实，我跟他一样，跟大多数的班主任也一样。在班级管理中也会对学生大喊大叫，气急败坏的时候也会严厉地呵斥学生。甚至，在累了烦了的时候，也会迁怒于学生，发一些无名火。

去年的这个时候，我就对班里的一个学生进行了一场浩劫式的教训。学生朔是一个很调皮的学生，算得上有名的"违纪大户"。学校三令五申不准骑电动车上学，他却我行我素，不但骑，还骑得飞快。终有一天，当他再一次飞驰在校园里时被校长抓了现行。按照规定，校长扣了他的电动车，并说只有班主任出面才能领回车子。但他却没有告诉我，每天步行上学，步行回家，持续了整整一个星期。直到有一天学校贴出处分意见时，我才知道了这件事。我到校长那里要回电动车，找到正在操场上踢球的朔，问他是不是有什么事瞒着我。他愣了一下，坚决地摇头说没有什么事。我把车钥匙放在他的手里，劈头盖脸地把他批了一顿，直到他开始检讨自己。他低着头，一再说对不起老师，是他给班级抹黑了，班级也因为他而被扣了分。我的火更大了，指着他的鼻子质问他："我为什么发火？是因为班级被扣分吗？我是那么小气的人吗？我生气是因为心疼你每天步行走路的累，是因为你没有把我当作可以信赖的人。出了问题为什么不告诉我？难道我就那么不值得信任吗？"没想到，这家伙一听到这里就乐了，搂着我的脖子说："真的对不起，以后大小事保准马上汇报。"从此以后，这个颇难接近的"问题生"成了我最亲密的朋友，也开始慢慢改变。直至今日，虽然我已不再是他的老师，但他仍会在 QQ 上向我"汇报"自己的思想，探讨人生级别的"大事"。

在我看来，老师与学生相处无需什么方法和技巧，也不需要刻意去做什么，更不需要多么深奥的策略和智慧。若非得说出点什么经验来，无非就是以最坦然的心胸，让最朴素的真情流露出来，让学生能够感受得到你的真诚和坦诚，感受得到你的关心和关怀，让学生能够感觉出你的爱里没有一丝一毫功利的成分。那么，他们就会信任你的教诲，体谅你的艰难，包容你的无心之失。

教育是以心换心的艺术，任何单纯依靠技法和手段的教育，无论做得多么完美，都难免会有师生之间貌合神离的尴尬。你可以用娴熟的教学技术让学生获得高分，也可以用严格的管理手段赢得学生的臣服，但用这些绝对不会赢得学生的心，除了用你的真心。

给一个共同的朝向

如果一个故事过于单薄，还不足以说明某个教育问题；或者是这个故事过于短小，不足以成为一篇文章。怎么办？我的做法是，先写出来，放在一边，时间久了，积攒得多了，很多故事就可以"凑"在一起说明一个深刻的主题，这个时候，小故事的价值也就得到了足够的凸显。

比分数远一点

01

在路上遇到了曾经的同事，简单聊了几句之后，他开始讲工作中的烦恼。

他说，现在每每看到学生就烦，特别是那些调皮捣蛋不听话的学生。

我说，学生就是那样子，调皮是他们的本色，要是哪一天他们都老老实实不动弹了，学校岂不成敬老院了？

他说，这个我懂，你不当老师了自然是可以站着说话不腰疼。因为他们的打打闹闹我们班被扣了很多分，因为那几个学习差的学生，我们班的成绩一直倒数，要是你来当班主任你会不在乎？要是你来当老师你会不生气？

我说，照你的意思，当老师的就只是想方设法挣分数？眼睛就只盯在分数上？

他说，当然是。你不盯在分数上，你不想法成为第一名，领导会怎么看你？你还想不想上进？

我说，看起来分数确实很重要，但是我觉得一定还有比分数更重要的东西。

他说，那是官话，是糊弄人的，没法和你交流了。

说完，他走了，看起来很生气。

02

一个很要好的朋友打来电话，问了我一个问题。

他说，今天我做了一件事，你判断一下做得对不对。

我问，什么事？

他说，我拿出了两节英语课让学生排练学校的语文经典诵读比赛节目，你觉得值不值？

我说，值。别说你还是班主任，就算你不是班主任，拿出两节课来让学生做自己喜欢的事情，学生也会因为这两节课更加喜欢语文，说不定还会因为你的"大公无私"也更加喜欢你，捎带着就喜欢英语课了。

他说，真的是这样。以前逼着学生背英语课文，没有几个人愿意背，今天他们背得都很认真，算是破天荒的一次主动学习。

我说，你赚大了，拿了两节课就征服了几十个学生的心。

他说，是。一开始还觉得有点舍不得，毕竟那是两节课的时间，要是学英语的话可以讲很多东西。现在来看是值了，学生与我的距离一下子近了不少，班级管理顺溜多了。

他问，你说这是为什么？

我说，这是因为你看到了两节课以外的东西。

03

很久以前读过一个故事，隐约还记得故事的大概：

一位记者到建筑工地采访，分别问了三个建筑工人一个相同的问题。他问第一个建筑工人正在干什么活儿，那个建筑工人头也不抬地回答："我正在砌一堵墙。"他问第二个建筑工人同样的问题，第二个建筑工人回答："我正在盖房子。"记者又问第三个工人，这次他得到的回答是："我在为人们建造漂亮的家园。"

记者觉得三个建筑工人的回答很有趣，就将其写进了自己的报道。

若干年后，记者在整理过去的采访记录时，突然看到了这三个回答，三个不同的回答让他产生了强烈的欲望，想去看看这三个工人现在的生活怎么样。

等他找到这三个工人的时候，结果令他大吃一惊：当年的第一个建筑工人现在还是一个建筑工人，仍然像从前一样砌着他的墙；而在施工现场拿着图纸的设计师竟然是当年的第二个工人；至于第三个工人，记者没费多少工夫就找到了，他现在成了一家房地产公司的老板，前两个工人正在为他工作。

你看，同样的一项工作，第一个人仅仅想到目光所及的东西，自然就只能砌墙；第二个人看到的要远一些，也就可能成为设计师；第三个人的回答在当时来看似乎是不着边际的大话，但却成就了一个人的成功。

对于教师来说，让目光所及比分数远一点，直至看到活生生的人，或许才能找到真正的教育。

教育，千万别成了一种误导

01

老师，我们重新分一下卫生小组吧。在教室门口，卫生委员向我建议。

为什么要重新分？有什么不合适的地方吗？我有点奇怪，卫生小组的分配算得上是自由组合，组长和组员的确定也是双向选择的结果，一直感觉运行得还不错。

一组有两个人一直不打扫卫生，组长管不了，得换一个组长才行。卫生委员瞟了一眼教室里正在晨读的学生，贴着我的耳根说。

这两个人是谁呀？看她这么神秘，我好奇地问。

是……犹豫了半天，她终于说出了两个同学的名字。

那你怎么不督促他们呢？认真负责、敢管敢说是卫生委员的一贯做法，也是我最欣赏她的地方，今天这是怎么了。

督促了，每次值日都得提醒他们好几次。可他们就是不听，说是要学习，不能浪费早晨的大好时光。说着，她竟低下了头，好像自己犯了很大的错误。

这是哪来的道理，学习好就不用值日了？我去和他们谈。我笑着说。

谈话并没有想象中那么顺利，自始至终他们并没有从内心里认识到不值日是个错误。有一种意识倒是很明显地从他们的话里流露出来：当学生的，学习好就行，其他的都无所谓，即使什么都不做，期末的时候他们仍然会是三好学生，仍然是拿奖状最多的人，仍然是老师心目中的好学生。

02

这一次，是小组的例行重组。

第一个环节自然是选举组长，很快结果便出来了。为了慎重起见，我和班长决定先和新组长谈话，想听听他们的心里话。

没想到，凯竟然提出来不想当组长。问原因，沉默不语。再问，他红着脸说，老师，我学习不好，分数还不如某某高，怎么当组长？您还是找个前十名的学生吧。

我说，分数高只是一个人千百个素质里面的一个，谁说只有学习好的人才有资格当班干部呢？你的管理能力不错，当组长应该是没问题的。

可是我们都觉得只有学习好的才能去管别人，学习不好怎么好意思管那些好学生呢？他仍是坚持自己的看法。

除了学习，我觉得你各个方面都很优秀，特别适合做这个组长。

我还是极力动员，因为我不想让学生那么迷信分数。

我们老师说过，分数虽然只是一个方面，但它是所有零前面的那个"1"，没有了这个"1"，其他的零也就没有了意义。他搬出了不知道哪个老师教他的话，倒是我一下子无话可说了。

最终，他没有当这个组长。

03

我在想。

在一个把教学当作教育的大环境里，重成绩而轻其他已经是习以为常的事情了。

也许正是这个习以为常，才让我们那么绝对地崇拜分数，让我们越来越相信分数的力量，心甘情愿地为分数而焦虑、痛苦或高兴，并慢慢相信分数可以替代一切，证明一切，覆盖一切。

可悲的是，不仅分数的拥有者、受益者这样想，就连那些深受分数之苦的人也开始膜拜分数的权威。更可悲的是，我们这些教育者也深信不疑。

在此之前，我只是简单地以为，中国教育的最大问题是应试，是一种功利的行为在作祟。现在看来，事情远非我想象的那么简单。因为种种迹象已经表明，我们的教育已经诱惑到了人的灵魂，以一种强有力的号召力，诱惑着学生远离自己的内心，去争取、服从、献媚于那些分数可以到达的东西。当然，也包括老师。

教育的这种误导，不是让所有的人都迷失方向了吗？

也可以这样"管"学生

现在的学生不好管理已经是一个不争的事实，对于教师来说，最难的或许不是上几节课，也不是烦琐的备课和批改作业，而是面对那些难"管"的学生。其实，如果认真地反思一下，令我们如此身心疲惫的，也许不是学生本身，而是我们"管"的方法出了问题，失了偏颇。可以说，怎么"管"才是值得我们深思和研究的大课题。

01

接班一个月了，最让我欣喜的还是小冰和小永两个人的变化。接班的第一周，他们两个连续"犯事"，学校的老师几乎都认识这两个人，很多人告诉我这两个人所做过的一些"骇人听闻"的大事，并提醒我要盯紧、压住这两个关键人物。在一次又犯了"大事"后，我让他们把自己一周来做过的事写出来。结果让我大吃一惊：旷课经常，不写作业经常，打架经常……满满的一张纸上，竟然没有一件好事。

问他们为什么不写好事，他们说以前老师都是让写做过的坏事的，写了好事也没有人相信。是的，对于很多老师来说，学生犯了错误往往会让他们把干的"坏事"一字不漏地写出来，很少有老师会让他们捎带着把好事也写出来。似乎一个人只要做了错事，整个人就成了坏人；似乎教育只要发现了学生的错误，对于优点就可以视而不见。

其实，这种反思是最无效的反思。对于学生来说，让他们全面地认识自己，用自己的优点来修正缺点，要远比单纯地抓住错误不放重要得多。对于身体的疾病，我们懂得不仅要挖掉病灶，也要保养好整个身体，因为只有整个肌体的良性修复才是健康的保证。而在教育上，我们往往就会忽略这么一个简单的道理。

所以，在我们班级，如果一个同学需要反思自己，要进行有效的内省，那么他要写的就不仅仅是自己的缺点，还应该有优点，并且要把优点放在前面，缺点放在后面。还有一条，写的优点一定要比缺点多。

其实，对于生命来说本无优劣之分，每一个学生的世界里都有自己的精彩，只要我们善意地走进他们的内心世界，快乐他们的快乐，痛苦他们的痛苦，往往我们会得到意想不到的震撼和精彩。

02

遇到像孙悟空一样"顽劣不化"的学生，有的老师采用了唐僧的管理方式——念紧箍咒，一旦遇到了问题就紧紧抓住学生的软肋：你怕家长，我就请家长；你怕领导，我就送你到领导那里；你怕撵回家，我就坚决彻底地让你回家反省。要不就是通报批评，要不就是恐吓威压，要不就是体罚加心罚。反正，只要能够在最短的时间里，以最简单的方式让学生服从于教师，这个"紧箍咒"就没有白念，也就达到了很多人的管理目的。也有的老师，采用的是讹传了的菩萨心肠，以极度的包容和宽容掩饰着实质上的纵容，并美其名曰"爱的教育"。

其实，这两种做法都各有偏颇。《西游记》中的孙猴子之所以能够修成正果，正是唐僧和菩萨合作的结果。比如，孙悟空在做错了事时，唐僧可以利用紧箍咒迅速制止他的错误行为，并通过身体的疼痛式惩戒达到控制住局面的效果。而菩萨在孙悟空遇到大难或闯了大祸之后，首先做的是包容他的错误，并会极力帮助他解决问题，让孙悟空在感恩戴德之后，从内心里彻彻底底地服从于菩萨的管理，这就是菩萨的管理理念，而并非前面被讹传的那种无限度的放纵。这种管理，按照现代的说法也算得上是"亲其师信其道"了。

我觉得，对于学生的管理，特别是对一些颇为"顽劣"的学生来说，最有效的策略是紧箍咒和菩萨理念的结合。这些学生身上多多少少都有点不值得肯定、需要修正的问题，比如懒惰、撒谎、放弃学习、没有毅力等等，有的甚至更为严重。对于他们来说，有一个规范的班规和严格的管理作为"紧箍咒"是必要的，也是必需的。但是一味地强压、打压必然会导致学生的逆反心理，导致更为严重的管理危机。这个时候，教师还必须学会宽容，像菩萨一样在包容他们的错误的前提下，尽可能地为他们解决问题，指出成长的方向，给他们改正错误的机会和勇气，并帮助他们懂得正向的坚持。这种内外结合、严慈相济的管理，或许才有改变学生的可能。而既善于合理使用"紧箍咒"，又科学拥有"菩萨心肠"，也算得上是一个成熟教师的标志。

03

"童话大王"郑渊洁曾在博客上以"小学班干部制度是在培养汉奸"为题发表了一篇博文，引发了众人对"汉奸"教育的热议，很多人想起小时候被班干部"告密"的事儿。其实，如果班干部向老师真实反映班级中存在的问题，走的是一条光明磊落的班级管理程序，那么这是学生干部在行使参与班级管理的权利，不能算是在告密，更不能说是"培养汉奸"。班级自主管理是一种趋势，学生参与班级事务是他们的权利也是义务。如果说在班干部使用的问题上出现了比如"告密""打小报告"之类的事情，只能说老师对班干部的管理出现了问题，责任在于老师，而不在于学生，更不在于学生参与管理这样一个理念。

在现实中，确实有很多老师把班干部当成了"小密探"，甚至除了公开的班干部外，还另外设立秘密"眼线"。目的无非就是把班级里发生的所有问题"一网打尽"，给学生一种老师虽然不在教室，但可以完全掌控教室里任何风吹草动的印象。在这种管理模式下，会有越来越多的学生"积极"揭发班级里的"坏人坏事"，以至于人人都有危机感，自然也就不敢随意造次，在短时间内会形成"井然有序"的班级氛围。但这种"井然有序"，绝对不是我们的班级管理应该追求的目标，因为这既不利于形成和谐、健康的班级精神，更不利于学生的身心健康，也确实有了培养"汉奸"的嫌疑。

其实，我们完全可以换一个思维方式，在班级管理中既不专心致志于挑刺，也不乐此不疲地纠错，而是拿着放大镜来寻找学生的优点，来一个报"优"不报"差"的"寻找行动"。接手八年级一班以后，我坚持做的第一件事就是让学生寻找身边的感动。在每周五的最后一节课，我都会让学生认真地回忆一周以来发生在班级里的好人好事，极力捕捉每个学生身上的闪光点，并记录下来，然后以此来评选每周的"最美人物"。对于每个班干部，我给他们的任务是多发现同学们的优点，对于感人的事情，必须马上汇报给我；而对于不好的事情，能够自己解决的就自己解决，解决不了的，要光明正大地提出来，大家一起来想办法解决。一个月下来，我感觉学生们有了变化：主动做好事的多了，遵守纪律的多了，努力学习的多了，就连那些比较"顽劣"的学生，也慢慢展示出了他们清澈、善良的一面。

谁还能为德育撑腰

对于德育，我们都以为是最重要的。至少，在理论上是这样的。我上学的时候，学期末的成绩单上，排在第一科的永远是政治（现在不这么叫了）。即使是今天，"德育为先，育人为本"的口号也是喊得很响，绝没有人敢站出来公然反对。但私底下，我们到底做了些什么，是没有人去看的，或者说，不屑去看。

01

这段时间，教研室正在轰轰烈烈地搞各学科的优质课评比。其中一位做评委的朋友在日志里写了这么一件事：比赛结束，他去向承办比赛的学校的校长告别，校长给他讲了一个学生的抱怨。学生对校长说，给我们上课的老师，课前已经给我们讲了三四遍了，再把我们领到多媒体教室的舞台上表演一遍，您说这个讲课比赛有什么用？

学生说得没错，弄虚作假已经是各种课赛备受质疑的弊病。一个"身正为范"的老师，为了讲课比赛的一个证件，不惜抹掉对学生"诚实正直"的教诲，"教德悖德"地去做这些为学生所不齿的事情。我们可不可以这样问：老师，你在教给孩子们什么？

02

早些年，我还在一所农村学校教学。那时候，每一个班主任要面临的一个最大问题就是控制学生辍学。教育局查得紧，而学生却一拨拨地纷纷逃离学校。每次上级来检查，班级实际人数与学籍数之间的差额就成了学校和班级最为头疼的事情。

那些还打算要毕业证的辍学生倒好对付，只要检查的一来，班主任便以毕业证为要挟，让他们回校应付检查。最难办的，是那些已经远赴他乡打工，或者不打算要毕业证的辍学生。无奈之下，各种办法便应运而生。先是让一些复读无学籍的学生冒名顶替辍学的，顶替者要背出被顶替者的父母姓名、工作单位等信息，全班同学都得紧急熟悉顶替者与被顶替者之间的关系，以应对检查者的盘问。若是复读生不够用，则只好动用"绝招"来应对，那就是办理假的请假手续。当时，"请假法"的操作已经形成了一个基本的规范，那就是要做到四个有：有位子，有本子，有条子，有名字。也就是说，要为被"请假"者准备好座位和课本、作业本等学习物品，还要有请假条，最关键的是在班级张贴的值日表上添上学生的名字。

"道高一尺，魔高一丈。"即使是这样周密的安排，有时候也逃不过检查者的慧眼，各种纰漏有时候也会被上级领导发现。

有一次，一个很智慧的检查领导在审查一个"请假"学生的资格时，突然摸出手机给学生家长打电话，以核实真假。学校领导自然很紧张，但班主任却毫无惧色，笑眯眯地把号码递了过去。电话接通，丝毫不差，学生确实有病在家休养。检查领导走后，学校领导问缘由。班主任道出实情，那电话号码是他早安排好的同事的。于是，教职工会议上，这位"工作细致"的班主任大受表扬，领导还号召所有的老师都要向这位班主任学习，不仅要"创新工作"，还要学会未雨绸缪。

时至今日，虽然控辍工作已经没有那么剑拔弩张，但领导号召的这些"敬业精神"，在其他的工作中依然时不时地被"复制"，甚至"创新"。

03

不知道什么时候开始，"德育领先"与"教学为中心"这两个教育理念开始有了冲突。几经碰撞，最终有了一个比较好的协调办法：凡是口号或材料里的东西，都要让"德育领先"；凡是真正要落实的行动，自然以教学为中心。

在很多学校，政务处（也有叫政教处、德育处的）的职责早已从进行道德教育变成了维持学校秩序和环境卫生。在政务处的实际工作中，"检查"是当仁不让的关键词：查卫生、查校服、查纪律、查一课两操、查秩序、查发型……如此种种，整个就是校园警察的角色。

在很多学校，德育活动是不允许开展的，因为那需要"浪费"宝贵的学科上课时间。即使是上级安排的"必要"活动，也可以利用大课间的时间，组织学生摆个造型，拍张照片，写个总结便可以交差。更甚者，连这样的形式也不走，直接编个文字材料了事。

在很多学校，一切都是围着分数转的。教育教学被窄化成了教学，而教学又被进一步强化为"教分"的活动。这样一来，德育的地位更是日趋走低。从口号里的领先，到服务于教学，直至不得不"服从"于教学。德育，成了一个很尴尬的角色。表面叫得很响，实则只是教学的保镖和随从。它唯一的作用，就是维持并确保"教分"活动继续下去，从而成为应试教育的帮凶。

德育是一种灵魂的教育，它需要从容的引发，纯净的守护和善良的激励。如果，这些担负着道德教育责任的老师、班主任和学校，都已经选择了背叛或逃离，那么，谁还可以为德育撑腰？

教育是没有公式可用的

01

她犯的错误很严重。

开运动会的时候，身为运动员的她却逃到网吧去上网，不仅错过了自己的比赛项目，还拒绝参加后面的比赛。当班干部的这样做，自然是不能得到学生原谅的。几次谈心，心不在焉，一副满不在乎的样子。

于是，停职反省，以观后效。

一开始，底气挺足，高傲得很，放言说无所谓，并且表现得更为狂放。一段时间下来，开始蔫头耷脑，说些风凉话，并给几个要好的朋友私下里发些"穷狠"。这几日，开始有了小动作，每次目光停在她的身上时，她就会眼皮上翻，斜着脑袋表现出一副清高的模样。若是在教室里巡视走近她的身边，她的习惯性动作就是轻轻摔打课本或文具，声音不大不小，恰好让你能够听得到，分明就是弱弱的抗议。我知道，她开始想让老师关注她了。

但，仍然决定：别理她，还不到时候。

02

一进教室，就看见翔远那一脸的"旧社会"。

班长告诉我，他和明文闹了点小矛盾，然后就生气站在了那里，好几个同学已经劝了他半天，但他仍然一动不动。

嘿！多大点事，快回自己的座位准备上课，有什么事等会儿再说。我冲他一笑，本以为自己的魅力足以打动他，至少会给老师个面子吧。

没想到，依然不动，也不说话，就那么冷冷地戳在那里，微微歪着脑袋，似乎他所"动怒"的已经不是小矛盾的事了，而是与整个世界有了仇恨。

没办法，开始上课，一任他站了整整一节课，下课就走，再也没过问这件事。只不过，偷偷嘱咐过班长，注意观察，有事及时向我汇报。

一天没事。

第二天一大早，在楼梯上遇见翔远，他正在值日，抬头看见我，龇牙一笑：老师好！这家伙，昨天的苦大仇深都没了。

看来，别管他，也是一个办法。

03

我的小学是在村子里上的。

那时候，村里的小学大都兼有村委仓库的作用。临放学的时候，村子里的链式拖拉机就停在了学校的操场上。那是村子里最现代化的东西，后面拖着个硕大的铁犁。

正是犁地种麦子的时候，这个现代化的大家伙真是派上了用场，大片的茬地就是靠它犁出来的。以至于，后面那个硕大的铁犁被磨得明晃晃的有些耀眼，那个光滑劲儿让人看了心里直痒痒。

已是深秋初冬，早晨的气温有些低，身体弱的同学已经穿上了夹袄。老师在临放学的时候警告我们：天冷了，谁也不准去舔那个大铁犁。

第二天一大早，进教室的时候，几个同学嘘嘘着嘴巴直喊疼。原来，他们到校后第一件事就是舔了一下大铁犁，差一点没把舌头留在那个铁家伙上。

别舔它，要是没有老师的这个提醒，恐怕不会有人在低温下舔那光滑的铁面。

看来，教育是没有公式可用的，何时何地何种情况下，懂得应该怎么去做，这就是教育的艺术。

把生活和教育画等号

扫码听书

陶行知先生说"生活即教育",杜威则说"教育即生活",不管两位教育大师把谁作为了出发点,又把谁作为了目标,总之是把教育和生活画了一个等号。用生活来解读教育,以教育来丰盈生活,这是教育叙事的一种较高的写作形式。从这个角度来说,教育叙事写作可以涵养一个人的敏锐观察力和思考力。

当差生的感觉

区教体局组织我们到济南参加一个培训活动,为了给近四个小时的旅途增加一点快乐,局领导建议每人要表演一个节目。这个消息一出,我的脑袋就一下子蒙了。说实话,我这个人五音不全,也没有任何艺术细胞,最愁的就是在大庭广众之下露丑。在做班主任的时候,每逢要召开班级元旦晚会,我都要与学生定好协议,那就是不要让我表演节目,否则就取消晚会。为了维护自己的这一点"笨拙",我不得不以"权"谋私了。

幸好，主持人开始点名让几位校长准备，看来有可能只让校长们表演。暗自庆幸、默默祈祷、莫名担心……万一要是再叫到我呢！我畏缩在车厢的最后端，尽量不让领导意识到自己的存在，心里却已变得乱七八糟，极力想回忆起一点儿自己会唱的歌，或者是哪一个能拿得出手的节目，心却怎么也静不下来，脑子里变得一片空白，就连那些本来会唱一点儿的歌也记不起一个字了。思维，在这一刻荡然无存。

到了宾馆，静下心来。我立刻想起了那些所谓的"差生"们。在彻底成为差生之前，他们一定也在极力地努力着，或许仅仅是因为一次没完成的作业，他们担心老师检查而一天不能安心听讲；或许是因为不能回答老师的一个提问，他们低下头尽量躲藏自己的"无知"；或许是因为一次不理想的考试，他们不敢回家而跑到了网吧躲避现实……

他们或许都曾无数次经历过我今天的感受，甚至比我的感受来得更深刻、更痛苦、更惊恐，因为我今天所面临的，要比他们的环境宽泛得多。毕竟，即使我唱得不好，得到的也是鼓励；即使我不会唱，也不会有人指着我的鼻子说"你真笨！"而他们则不同，回答不出一个问题，得到的可能是我们教师的斥责、数落，甚至还有可能是嘲笑；完不成一次作业，得到的可能是当众的羞辱、恶狠狠的惩罚。由此猜测，他们的内心一定有更多的恐惧、害怕和不安，他们的那一节课很可能就会成为一个被诅咒的"刑期"，漫长而又痛苦。

他们或许就是在这样的一次次失败之中，既丢失了时间又失去了自信，一点点地落在了伙伴们的后边。他们开始不被关注、不受欢迎，他们开始被忽视、被嫌弃。想追，得不到鼓励；努力，已经失去了勇气。于是，他们成了真正的差生。

我从小学习还行，属于那种老师喜爱的好孩子；工作后也还努力，算得上家长信任的好老师。大多数时候我是站在旁观者的角度漠视那些被伤害的心灵，感谢今天让我当了一次"差生"，有机会体会到了那份紧张和无助，让我知道了那些被放弃的学生承受了多少难以言表的痛苦。

站在差生的立场反思教育，我们做得还太粗糙。不是吗?!

教育如养花

对于花，酷爱，但不善养。

每见那些被人侍弄得或娇艳，或葱郁的花儿，总免不了有些嫉妒与羡慕。为花，也为养花的人。

年前，到一位长者的办公室，就着迷于那许多绽放的墨兰，深嗅一股幽香，没敢说，怕是赚了人家的便宜，沾了花香。前几日，再次造访，花香愈浓。忍不住问："同是墨兰，我养的花开得晚谢得早，你的咋就开得这么长久，叶子咋就这么绿呢?"他边用喷壶喷洒花叶边说："因为我给了它们持续开放的环境。举个例子，同是洒水，你做的和我做的就不一定相同，我这些水都是在室内盛放了几天的，自来水里的氯离子已经挥发沉淀，水温也变得与土温相差不大，这样就避免了花瓣和叶片受到伤害……"

仅仅是简单的洒水，就有这么多的说道。想想自己，哪一次不是把自来水灌到喷壶里直接就洒在花叶与花瓣上？其实从理论上我也懂养兰花之道，还可以熟背明朝高濂在《兰谱》之《培兰四戒》所说的，"春不出，夏不日，秋不干，冬不湿"这十二字诀。但忙起来，那些兰花们恐怕就会被晾在阳台上，再也无暇管理了。

还是年前，有同事在网上买了一枚风信子的种球，放在玻璃瓶里注入清水进行水培。半月之后，到她办公室里欣赏，球茎上竟无半点叶芽，只是在球茎底部长出了一簇簇的长根。我建议她把球茎放到温暖的地方，怕是因为办公室里的温度太低才导致了只长根不发芽。她笑笑解释说，风信子速成栽培就是要先将球置于较低温度下，使其长根而不长叶，然后再移到温暖半阴的地方，使叶片生长到一定高度，最后再给予较高温度和充足光照，这样才能使茎叶丰满，花朵繁盛。原来如此，每一个生命的成长都有其自身的规律，我们渴望的温暖并不能催生所有的美丽。

其实，教育之道颇似养花。每一朵鲜花的绽放，除了阳光、雨露和肥沃的土壤，还离不开养花人对她的精心呵护。作为教师，仅有娴熟的理论没有细节上的关怀，仅有美好的愿望没有持久的付出，仅有盲目的疼爱没有科学的方法，无异于一个拙劣的花匠，除了毁灭美好，怕是再也没有什么价值可以体现。

真的，教育如养花。

盯着哪儿看很重要

一位朋友，经常在外做讲座。我出发到济南时约他见面，聊到了听他讲座的感受，很自然地表达了赞美之情。

"那是你凑巧听了个精彩的，同一个讲座在不同地方讲的心情相差太大了。"他品了一口茶，很绅士地摆了摆手，看起来不像是谦虚的样子。

"说说你的感受，分享一下呗！"几个朋友嬉笑着起哄。

"你听的那次，我之所以讲得很顺利，是因为在讲的时候，对面有一个听讲座的人，时而微笑，时而颔首，时不时地还记上几笔，似乎与我讲的内容产生了共鸣。不知怎么的，我的目光就一直没有离开他，讲得也越来越有激情，内容也丰富了很多。这么说吧，那次你们听得很精彩，我自己感觉也不错。"点着一根烟，他顿了顿继续说，"但也有一次，讲了没有几分钟，就看见一个人时而蹙眉，时而趴桌上睡觉，时而与前后的人说笑。我就开始寻思是不是自己哪儿讲得不合适，一这样想就开始分神，注意力怎么也集中不起来。最后是草草收场，自己也感觉特别失败。"

"你不会专拣微笑的、对你有感觉的人看呀！"我们开始哄笑，笑他傻得竟然不知道换一个人看，会场里有那么多人呢，总有听得认真的，也一定会有不喜欢听讲座的。

笑归笑，其实这种感觉自己也有过。偶尔在外地讲课，鬼使神差地总会在讲的过程中盯住一个人来找感觉，而这个人的表情和表现，往往也就决定了这一场报告的精彩与失败。

再细想，我们看待一个学生，是不是也存在这样的问题？我们看一所学校，是不是也有同样的莽撞？

一个学生的全部就像是一个会场，其中某一方面的表现就是会场中那个或微笑或蹙眉的人，那么这个学生的优秀与否就在于你盯住的是他的哪一个方面：如果他成绩优秀，而你恰好盯住的就是他的分数，那么他只靠分数这一个优点，就成为你心目中最完美的学生；而如果你恰恰盯住的是他薄弱的体育项目，那么或许在你的眼中他将是一个普通得不能再普通的学生。

一所学校也是一个会场，如果单单关注它的升学率，未必就能体现出一所学校的教育能力。毕竟，升学率只是它其中的一个教育结果，而不是唯一的结果。其他还有很多，譬如：学校的管理是不是足够人性化，学校的教育是否促进了每个学生的个性发展、特长发展……这些也是学校的教育结果，也足以改变我们对一所学校的看法。

弃之荒野的树根，你若强求它笔直和粗壮，它肯定只能是一块废料，你若看重的是它错综交错的婉约之美，一定可以把它精雕细琢成一个完美的艺术品。在我看来，任何一个学生，都会拥有自己的专属，优点会有，缺点也会有；任何一所学校，都会有自己独特的地方，风景会有，脏兮兮的旮旯也会有。

而我们，作为一个站在边上鉴赏的人，盯着哪儿看真的很重要。

有意义与有意思

一边是漂亮的生日蛋糕，一边是哇哇大哭的儿子，这张照片是儿子三岁时留下的。

我喜欢摄影，更喜欢用相机给儿子留下每一个有价值的瞬间。儿子三周岁生日的那天，我专门给儿子定做了一个鲜奶蛋糕。在看到蛋糕的第一眼，儿子就不断嚷着要吃蛋糕。

"我要吃蛋糕，我要吃蛋糕……"儿子不断地嚷着，声音越来越大，夹杂着一点想哭的味道。而我，一边用手拦着使劲往蛋糕边蹭的儿子，一边给他讲吃生日蛋糕要做的事情，还得吩咐妻子赶快去房间拿我的相机。

终于，儿子看着生日蛋糕号啕大哭，再也无法哄好。

孩子小，不懂得生日对于他的意义，只是知道在那一天可以吃到鲜美的蛋糕。在他的世界里，无论是用手直接抓，还是用嘴直接啃，只有吃到蛋糕才是最有意思的事。而在我的意识里，生日是一个很值得纪念的日子，意义非凡，这个蛋糕自然是不能随便就吃掉的，起码的程序是必要的，亲人围坐在一起，许愿、祝福、吹蜡烛、切蛋糕，留下几张照片做个纪念，这些才是蛋糕赋予生日的意义。

我关注的是"有意义"，儿子想到的是"有意思"。同一个蛋糕，成人世界与儿童世界的视角总是不能契合，最终留下了这么一张哭泣着的照片。

这只是一个生活的小片段，哭也罢，笑也罢，总归也算是一个美好的记忆。但是，如果在我们的教育里，也有着类似"有意义"与"有意思"的分歧，那就不能算是美好的事情了。

作为教师，喜欢站在教育的主场，不断地创造教育的"有意义"：每一节课，总归要设计好学习这节课的意义，语文、历史、思品之类的本身具有浓郁教育意义的课程自是不必说了，就连数理化之类的课程，在实在找不到"意义"的困境里，一定也要深挖出譬如"培养某某情感""提高何种能力"之类牵强的"意义"。带着这种沉重的"有意义"，课堂变得说教味道十足，枯燥乏味也就在所难免了。

课堂如此，学校活动更是变本加厉，为了有意义而把活动变得无意思的情况比比皆是。这段时间，网上、生活里都有人在讨论毕业典礼。对于学生来说，这本来应该是一个有意思的活动，但是在校方过于强调"有意义"的背景下，整个过程被无聊的讲话支配。结果是，学校得到了一个有意义的毕业典礼，而学生则失去了一个"有意思"的毕业典礼。

其实，任何事情都有一个"度"的问题，一旦"有意义"被过度关注之后，事情就会变得没有意思了，而对于教育来说，一旦没有意思了，"有意义"也无从谈起。

成长，一直都在

假日的第一天。

关了手机，关掉了与外界联系的任何可能，静下心来和儿子一起整理他的衣橱。

"这件太小了，这件也太小了，还有那件……"我一边在儿子身上比画着衣服，一边和儿子商议着哪一件要清理出去。

"这是五姨给买的，我还没穿几次呢，可惜太小了。"儿子拿着一套运动服，试了好几次，虽不舍，但还是无奈地放在了一边。

一会儿，床上堆满了已经不能穿在儿子身上的衣服，而橱子里，只剩下几件刚刚买的新衣服。

"老爸，我的橱子空了，衣服都不能穿了。"儿子有点失望地说。

"这说明你长大了呀！"边说边想拍儿子的肩膀，这才发现，原来那个跟在屁股后面的小不点，好像在一夜之间成了我的仰视对象，比我高出了一大截。

这个衣橱，是在两年前搬家的时候买的，里面的衣服也大多是在搬家后为儿子添置的。不知不觉填满的一橱大大小小的衣服，像是儿子渐次的长大。

　　儿子真的已经长大了。而我，竟浑然不觉。

　　教育也是一样。

　　做班主任时，关注着每一个孩子每一天的一举一动，天天陷在繁琐的忙碌之中，时时为看不见学生成长而烦恼——那个沉默的女孩数学总是考不及格，这个爱闹的男孩总是无法安静地读完一页书。淘气，总是那么淘气，课间总是乱得那么一团糟……

　　总是在毕业典礼上，当女孩跳起欢快的爵士舞，男孩深情地唱起一首歌，一张张阳光稚嫩的脸上荡漾着活力时，自己才会忽然之间感觉：孩子们真的长大了，好像是一夜间的事。

　　总是在毕业后，拆解着一封封叠成不同形状的信时，才能读到那么多的执着，那么多的努力，那么多的坚持，那么多的温暖。

　　其实，成长一直都在，不管你是否在意。只不过是因为烦琐的忙碌，被我们有意无意地忽略了。抑或，因为那些过度的关注，而忘记了欣赏。

谁在杯子上加了一个盖儿

　　中午带侄子到商城实验学校去报名。招生办公室里坐满了来报名或咨询的家长，还有从幼儿到中学大大小小的学生。无论来自什么地方，无论从事着什么职业，我觉得此时他们一定和我的心情一样，就是能够让孩子在这个优质教育环境中学习，给人生增添成功的筹码，为生命积蓄美丽的希望。

　　"乖儿子，你看，要是学习好了还有奖学金呢！"母亲牵着一个六七岁的孩子，一边说一边填写一年级的表格。"妈妈你放心，我一定是第一，奖金都是我的。"稚嫩而骄傲的话语引起了大家善意的哄笑。我顺着声音望去，那孩子一脸的自信，正趴在学校的规划模型前一座座地数着教学楼、实验楼……

"听见了吗？你看人家孩子多有志气呀！你也给我考个第一第二的，咱也拿奖学金。"旁边一个胖胖的男子高声对孩子说。"切，你听他的，小孩子就知道吹。我都四年级了，四年级了拿第一哪有那么容易呀！我知道自己的水平，能考进来就不错了，你别想得太美。"儿子明显地开始不耐烦父亲，"走走走，赶快回家吧。"

望着远去的父子两人，我和侄子相视而笑。"你呢？有什么想法？"我试着问侄子。"还行，考进来没问题，奖学金怕是不好拿，你知道有那么多比我好的……"

想起了那个著名的"跳蚤实验"。往玻璃杯里放一只跳蚤，跳蚤很轻易地就能够跳出来，因为它能够跳的高度是自己身体的四百多倍。如果在这个杯子上加一个玻璃盖，跳蚤就会碰在这个玻璃盖上，多次重复以后，把玻璃盖拿开，你会发现跳蚤已经不能跳出这个杯子，它跳的高度正好是原来盖盖子的位置以下。在这个实验中，跳蚤是有能力跳出来的，而跳不出来的原因是它在内心里已经默认了这个杯子的高度是自己无法逾越的。这种现象，我们称之为"自我设限"。

回望我们的教育，或者回望我们自己的人生，在初入世的时候，每一个纯洁的心灵都充满着对美好的渴望，每一个生命都勃发着万丈雄心。一年级的孩子，内心充盈的每每都是勇气、执着、自信，而家长们也都是极力信任、鼓励、渴盼孩子的每一次成长。在他们的世界里没有设限，没有惧怕，没有担忧。而几年以后，在我们的辛勤教育下，我们的孩子终于找到了自己的位置，知道了自己的能力，明白了自己的未来，这是幸还是不幸？

　　更让我们担忧的是：他们知道了惧怕，懂得了屈服，学会了习惯一切。在他们的眼里，一切都是那么困难。慢慢地，在他们的内心里已经默认了一个高度，这个高度常常暗示自己的潜意识：这件事是无法完成的，成功是不可能的，你绝对做不到的，别再支撑了，你看别人都这样了……于是，他们也不再想方设法地去追求成功，而是一再降低对自己的标准，对照的标尺也只是寻找自己背后的那些，终有一天，平庸就改写了曾经的意气风发。

　　其实我想问的是，这一切都是谁造成的？又是谁在杯子上加了一个盖儿？

把自己"摆进"故事里

扫码听书

一个人只要能够站在他人的立场看问题，那么别人的所思所想、所喜所忌，都可以成为其思考的原点和方向。一个教师也是这样，以他者的心态来看待教育，会比任何时候更清晰，更有觉悟力。但是别忘了一点，一定要适时把自己"摆进"故事里。

教育，从改变教师自己开始

周日在书城，两个穿着初中校服的学生在谈自己的老师。

"小 Z 同志今天好像很生气，歇斯底里了。"

"他呀，脑子里不知道装的是什么，就知道鼓吹他上学时咋的咋的。"

"就是呀，动不动就是自己上学时多么刻苦、多么听老师的话，老师讲课时教室里多么安静。都什么年代了呀，整个一穿着西装的老古董。"

"连许嵩是谁都不知道，还吹牛说'一只眼就能看穿你们肚子里有几条虫子'，他还以为我们都像他呀，满肚子里都是虫子。"

"嘻嘻……"

"其实他人不错，就是有点落伍了，拿着他上学时的标准来套我们，总希望我们都像他那样头悬梁、锥刺股。"

"你看咱班图书角上的那句名言，什么'书山有路勤为径，学海无涯苦作舟'，高度鄙视！"

"我最烦的就是他偷偷摸摸在教室外偷窥我们纪律的样子，特别让人烦！"

"……"

再也无心听下去，这两个孩子讲的是谁并不重要，倒是感觉自己也有过像"小Z同志"的一些行为和话语。

中年教师，大多经历过苦读的求学时光，也一度为自己的勤奋感动不已。回想自己的初中时光，同学们都嫌自己的时间不够用，像鲁迅先生在课桌上刻上一个"早"字的做法，我们每一个人都有过。那时，几乎每一个同学都有"水滴石穿""钢梁磨绣针""梅花香自苦寒来"一类的座右铭，激励自己走过漫长的苦读之路。我们那个时代的学生，习惯了安静的课堂、统一的规范、严格的秩序，所以当我们做了老师时，也就希望我们的学生也像我们一样，重复我们受过的教育。

"唉，现在的孩子……"这是我们最常发出的抱怨，其实在这抱怨后面，我们想要表达的是自己心目中固有的教育模式与现实的巨大落差。我们恨现在的学生不知道珍惜、不知道努力、不知道遵纪，不懂得勤奋、不懂得付出、不懂得按部就班。当有的学生拍着你的肩膀喊一声"嗨"，你想到的是"一日为师，终身为父"，甚至怀念古代的叩拜礼；当有的学生在课堂上与你发生激烈的争论，你想到的是师道尊严，真想拿起私塾里的那把戒尺……

但是，不管我们自己心里是怎么想的，时代还是变了，孩子们还是变了，没变的只有我们自己。或许这就是像我和"小Z同志"一类的中年教师看不懂现在的学生、现在的教育的原因。

有一位哲人说："我这一辈子，从梦想改变世界，到梦想改变国家，到只想改变家庭和亲近的人，结果什么都没改变。在我临终之际，我才意识到：如果起初我只改变我自己，也许我反而能够依次地改变家人、改变国家，甚至可以改变整个世界。"这段话告诉我们，改变一切的前提，是改变自己。

或许，我们每一个教师都倾心于改造我们的学生，希望把他们打造成我们理想中的样子。但却从来没有意识到，我们心目中固有的东西是不是需要有所改变。我觉得，在改变学生之前，我们的改变可能更重要。

把人放在前面

在路上，我偶然遇到一位小学美术老师。因为熟悉，便聊了一会儿。没几句，他便开始倒苦水，说自己已经连续好几次教学成绩排名倒数第一了，真不知道该怎么做才好。

"在小学，像美术、音乐这样的学科是怎么考评教师成绩的呢？"我很好奇地问。

"当然是考试呀！除了考试还能有什么好法子？像语文、数学一样，每到期末学校都会组织美术学科考试。"他苦笑着说。

"美术考试怎么考？"我更加好奇，在我看来这样的学科既不需要也无法考试。

"这很简单，就是到班里抽一部分同学，让他们在限定时间内画一幅画，然后领导对这些画打分，最后的平均分就是老师的教学成绩。"他说。

"考试的时候是限定画的内容，还是随意画呢？"我问。

"随意画呀！学生想画什么就画什么。"略一停顿，他继续说，"所以，很多老师一个学期的时间只教学生临摹一幅画，到考试的时候学生就画这幅画，结果教学成绩就会很高。相反，认真按照教材教学的老师分数却不高，至于那些想培养学生美术素养的老师，分数可能就会更低。"说完，他一脸的无奈。

至此，我才明白他苦闷的原因，在简单获取分数与做真正的美术教学之间，他无法取舍：单靠临摹一幅画赢得分数，他于心不忍；以自己的方式教学，就会遭遇排名倒数之苦。

于是，我便电话咨询在小学做管理的朋友，并提出了自己的疑惑。朋友回答说，这事很正常，所有的学校几乎都是这样，这也是没有办法的办法。从学校管理的角度来说，学校需要对每一个老师进行量化管理，量化管理就需要数据，其他学科老师都有考试成绩，这些学科老师的成绩也就只能这样测出来，要不然你说怎么办？其实，这里面还有一个更深层的意思，如果没有这样的考试，很多美术老师恐怕就连教学生临摹一张画的活儿也不干了。

朋友说的也很有道理。在今天，数据对教师来说尤其重要，职称评聘要用，年度考核要用，竞争上岗要用，评先树优要用……并且，用数字来量化好像是迄今为止最为公平的一种评价手段。除了考试和分数，学校还能用什么来把老师分出个一二三四来呢？这种做法，不仅让学校和教师都得到了自己需要的东西，而且猛然看起来他们并没有做错什么，学校需要公平的管理，教师需要向上晋升的资本，这些都无可厚非。但细想起来，我们却忽略了一个最重要的问题，那就是：孩子怎么办？具体来说，这样的教学下孩子能学到什么？谁又该为孩子的美术素养负责？往远了说，这样的教育对孩子的一生会有怎样的影响？

难道我们的教育就真的无法"叛离"分数这道魔咒吗？

记得周益民老师曾在一篇文章里，以细腻的笔触写过他儿子的音乐老师。他的儿子一直很讨厌上音乐课，因为音乐老师总是像教数学一样教他的儿子和同学。后来，他儿子的班级换了一位音乐老师，这个老师和以前的不一样，除了教学校规定的内容外，还让儿子班的同学每人尽可能学会一种乐器。每逢期末，老师就组织学生来一次才艺展示，那些没学乐器的，就自由组合，排个小合唱或者小舞蹈即可。于是每到期末，一台班级音乐会就拉开了帷幕。人人上台，个个展示，学生全都喜气洋洋，自信自豪。自然，他的儿子也就喜欢上了音乐课，喜欢上了音乐。

你看，多好的创意！把冰冷枯燥的考试转换成了一次温馨热闹的才艺展示。

我不知道这位老师会不会在教师排名时遭遇"倒数"的尴尬，我也不知道他们那所学校到底怎么样衡量音乐老师的工作质量。但我似乎找到了问题的症结所在，那就是我们是不是应该扪心自问：对学校来说，我们需要的是教育还是管理？对教师来说，我们需要的是荣誉还是真正的教学？无论如何，我们都不能忘了苏霍姆林斯基对老师们的告诫——你不是教物理，而是教人学物理。同样的道理，我们不是在教美术、音乐，而是在教人学美术，教人学音乐。

也就是说，我们首先是在教人，然后才是知识。所以，真正的教育必须把人放在前面，放在分数的前面、技能的前面、功利的前面。

给教育一些留白

今天我值班，在检查课堂教学的时候，听见一位班主任和一个学生在教室门前的谈话。

"上课的时候干什么了？"班主任直视着耷拉着脑袋的学生，很是冷静地问。

"没干什么！"回答问题的时候，学生抬了抬头，又很快低下。

"那为什么被英语老师'请'出教室了？"教室里英语老师正在上课，看来班主任是被请来处理问题的。

"拿纸团打人了。"见无法抵赖，学生只好"认真"交代。

"打谁了？"班主任仍是冷静地问。

"打班长了。"学生"交代"得很干脆。

"你看看你，上课不认真听讲，扔纸团打人，这是严重扰乱课堂秩序。打的还是班长，你这纯粹是嫉妒心态，你是不是看着别人学习好心里不痛快呀！前几天还和别人打架，还有什么坏事你不能做呀！你真是没治了，叫你爸爸来领回家算了。"班主任说这些的时候，已经开始变得不那么冷静。

"老师，别叫我爸爸来行吗？我错了，以后再也不敢了。"不知什么时候，学生的脸上流下了两行泪。

"看来你也有怕头儿呀！不行，必须叫你爸爸来。"看见捏着了学生的软肋，班主任更加激动了。

"求求你了老师，要是我爸爸知道了会打我的。"学生脸上的泪已经分不出行，身子开始有点发抖。

"这时候知道害怕了，早干什么去了，不行！"班主任的声音里已经有了几分严厉，口气很坚决。

"那你愿怎么着就怎么着吧！"学生咆哮了一句话后，径直跑下了楼。只留下班主任站在那里呆呆地发愣，看来他已经被学生的突然爆发震惊了。

无疑，这是一次失败的教育，因为教育有些过度了。班主任在问清楚事情的真相后，至少有三点做法值得商榷：其一，对学生的行为轻易进行定性，并且有些偏高和不适。从谈话中可以听出来，这名同学的行为远达不到严重扰乱课堂秩序的程度，班主任更不能因为用纸团打的是班长，就用激烈的言语刺激学生。其二，处理问题时不是就事论事，而是揭老底。前几天打的架一定已经处理过，与今天的行为并无直接关系，这样的做法只能激起学生的不满。其三，将请家长的办法作为教育的手段。绝大多数孩子是不愿意让家长知道自己在学校犯了错误的，所以一般来说当老师使出这一招数时，学生可能会因为感觉事态已经到了悲惨的底线，从而出现一些极端的做法。

中国画中，艺术家通常会用一些空白来表现画面中需要的水、云、雾、风等景象，在效果上比直接用颜色来渲染表达更含蓄内敛，这就是我们所说的"留白"。留白可以减少构图太满给人的压抑感，所以很多艺术大师也是留白大师，他们往往能够以方寸之地显天地之宽。

其实，教育也需要留白。如果这位班主任能够给学生留有反思的机会，多一句"你觉得自己错在哪里"；如果在学生哀求老师不要请家长的时候，班主任能够给学生留一点余地，而不是强人所难；如果教育懂得留白，而不是用穷追不舍的追问与以偏概全的结论来挤占学生自我成长的空间……那么，这件事情绝对不会到这种无法收拾的地步。

给学生一个喘息的机会、反思的机会、悔过的机会，看似力度欠猛烈，实则是打通了一条通往学生心灵的道路。这就是留白的智慧，也是一种教育的境界。

别总戳孩子的软肋

在学校门口，两个熟识的学生家长相遇。

"你看你们家小迪，老实听话多招人疼，哪像我们这个，天天皮死了，不让人省心。"

"哪里呀，你们家小航聪明，成绩好，我们这个要有他的三分之一就烧高香了。"

瞬间，两个无辜的孩子经历了被别人夸赞、被自己母亲狠批的情感历程，一天的美好或许就此被母亲轻易地出卖了。而两位母亲却并未意识到，自己已经在有意无意的客套中，把自己的孩子丢到了尴尬的境地。看着两个孩子最初高昂的头慢慢耷拉下来，像做了亏心事一样满脸羞愧，我提醒两位母亲，别伤了孩子。

其实，不管我们的孩子多么优秀，他都会有弱项，也都会有软肋，有不堪一击的命门。据说，刺猬用坚硬的刺编织而成的近乎完美的铠甲也不是没有弱点，当全身蜷起时，它的腹部还有一个小眼儿不能完全蜷起，如果朝那个小眼儿吹气，它就会因为受不了痒而自动打开身体，暴露出自己最软弱的腹部。我们都知道，凶猛强悍的鳄鱼也有最脆弱最不堪一击的地方，那就是它的眼睛，可以说眼睛是鳄鱼的软肋。小时候看武侠小说，两个高手之间的较量其实是在拼命寻找对方的命门，而又想法保护自己的命门，寻找对方的命门是为了一招致命，保护自己的命门其实就是保护了自己的生命。可见，命门是不能轻易地暴露给别人的，而我们很多家长却没有这种意识，他们似乎更专注于戳自己孩子的命门，有时甚至是以爱的名义。

回想一下，当我们带着孩子走亲串门，别人夸赞你的孩子时，你是不是很谦虚地就把孩子的命门给暴露出来。如果别人夸你的孩子漂亮，你会不会说他其实很懒；如果别人夸你的孩子勤劳，你会不会说他其实成绩很差；如果别人夸你的孩子有礼貌，你会不会说他其实很不讲卫生。再想一想，你是不是一直拼命地为孩子找来一个个竞争对手，孩子语文考了优秀，你会不会告诉他隔壁的小妹英语考了满分；孩子的演讲获了奖，你会不会告诉他楼下的小弟钢琴都过了十级；孩子进步了，你会不会告诉他张三李四考上了北大清华……

孩子的自尊、荣耀、成就以及微弱的进步，就这样被击打得落花流水。我们总是时不时地为孩子找来一个个竞争对手，用他们的强项击打孩子的命门。这些竞争者可以是熟识的，可以是偶遇的，信手拈来，目的只有一个，抓住孩子的软肋，给他狠狠的一击。

别总戳孩子的软肋！那样，孩子只能永远是一个失败者。

不做行内的外行

班里有学生迷上了播音主持，到处上那种只为赚钱的辅导班，眼看着钱花了不少，却不知道这个职业未来的方向如何，有学生家长问我怎么看这个问题。说实话，每每打开电视看到主持人光鲜耀眼的神采，再加上从各个渠道传出来的关于他们不菲收入的消息，心里是挺羡慕他们的。但这羡慕是没有由头的，涉及学生的发展方向这样的大事，怕是不能单靠感觉来判断的。

自然，便想到了请教一个在电视台工作的同学，一个在我看来混得相当不错的风云人物。她先从播音主持做起，然后是主播，在我们这个不大不小的城市算是个角儿。再后来，开始做领导，官也当得是风生水起。

拨通电话，闲聊几句后我便请教起播音主持这个职业的未来。她沉吟一下说，这个行当没有你们这些外行人看得那么美好，外行看热闹，你们对这个职业的了解还是仅限于"看热闹"的层次。然后，她历数了其中的艰辛和无奈，并对职业前景做了很中肯的描述。内行就是内行，她的一席话让我对这个职业有了一个理性的认识。

"你觉得某某学校的某某老师怎么样？"聊完上一个话题，她问我。

"怎么会这么问？"她所说的这个老师我有所耳闻，但不知道她的问题由何而来。

"孩子要上初中了，听别人说这个老师带的班级学生成绩高，想把孩子送到她的班。"她继续说。

"就教育而言，你也是一个外行，学生成绩高并不能说明这个老师教育能力强。在我们内行看来，还要考虑这些学生是不是高分低能，还要考虑这些分数是不是牺牲了学生的身体和心理健康换来的，还要考虑这些学生除了获取分数还能干些什么，还要考虑学生在她的班级里活得是不是幸福……"我一口气说完，把那边的她惊得哑口无言。

"原来如此！"沉默了很久，她才说出四个字。

"你觉得，孩子一生的幸福和被挤压出来的分数哪一个更重要？"我反问了一句。

"外行误人，外行误人呀！隔行如隔山，这话一点儿也不错。"她感慨一番。

确实，外行误人一点儿也不错，隔行如隔山也有一定的道理。但她没弄明白的是：外行未必在行外，行内的外行才最可怕，也更误人。比如我们，不做电视这个行业，自然就是外行，这种行外的外行并不影响我们欣赏精彩的电视节目，也不影响我们的生活和成长。

但在我们的行业内，却存在着许许多多行内的外行。他们或许不乏热情和激情，也不乏经验和实践，却实实在在是教育的外行。他们把分数当教育的成果，把考试当教育的手段，把做题当教育的策略，硬生生地把教育的育人功能淡化、边缘化，直至彻底抹杀。

教育是不能推倒重来的，任何教育一旦落在学生的心上，不可避免地就会留下各式各样的印记。教育的权利落在行内的外行手里，对于孩子来说，将是多么可怕的一件事情。

唯愿，在教育的这个行内，外行越来越少；唯愿，每一位老师不做行内的外行。诚如此，则是学生之幸，教育之幸。

校长"把门"与班主任"坐班"

前几天，到一所学校参加一个德育论坛活动，论坛的主题是"身边的感动"。

按照习惯，学校的领导和我们这些被邀请的嘉宾在前两排就座，其他老师则按照学校规定的座位顺序入座。演讲时间过半，我临时有事想早回单位，打算跟校长打个招呼，但在前排里却找不到校长的影子。

"老师们，为什么我们今天的会场秩序这么好，为什么我们能够有这么一个安静的环境交流感受，为什么一直没有老师早退？大家回头看看，我们亲爱的校长正在亲自为我们把门呀！这，怎么能不让我们感动呢！"怪不得没有老师到处走动，原来是校长亲自在门旁"把门"！正在四处寻找的时候，主席台上正在发言的老师的一席话，帮我找到了校长。

此刻，校长正坐在会议室唯一的入口旁，认真地紧盯着每一个打算"溜走"的老师。而我，这一刻已经没有丝毫的勇气跑过去提出提前走的想法，只好耐心听下去。

论坛快结束时，校长介绍了学校的一些管理理念，听起来似乎很先进，很超前。在讲到班主任工作时，校长重点提到了几个优秀的班主任，而那几个优秀班主任受表扬的原因有点特别。按照校长的说法，这些班主任为了营造良好的班级秩序，只要自己没有课，所有的时间都会在班里"坐班"，还设了班主任专座。无论哪科老师上课，班主任都会在教室最后一排"压阵"。以至于像批改作业、备课等这些常规工作也都在班里完成。

最后，校长说："这些兢兢业业、忘我工作的老师，就是我们需要的感动学校、感动教育的人。"

听后无语。若是单从无私付出的角度来说，这些老师确实值得我们感动，但若从教育的角度来说，这份感动似乎包含了太多的无奈。

校长"把门"，大概是因为看到有些老师从后门"溜会"，或许是因为坐在后面的老师容易说话闲聊，为了会场的纪律，校长只好亲自坐镇。班主任"坐班"，应该是因为班级纪律极差，为了让其他任课老师能够"安心上课"，不得已而为之的事。说到底，这还是一种"压制"的方法，以自身特有的"权势"，营造短时间内的良好秩序。

其实，这种做法，既不科学也不人道。用一句通俗的话说，你压得了一时，压不了一世。因为"权势"的存在，老师安静了，学生老实了，但未必就意味着他们真正从内心里承认了你的管理，认可了你的做法。特别是对于学生来说，长期的压抑可能会导致学习兴趣削减，并且会出现管理疲劳。如果哪一天，班主任没有直接监控学生，那么就可能会出现无法控制的局面。

最重要的是，这种管理忽视了教育的复杂性和专业性，简单地用敬业精神替代专业智慧，以时间的付出衡量专业能力。在教育中，不讲效率、不讲科学、不讲专业化，把拼时间、拼体力、拼汗水作为获得教育成绩的唯一途径，并引以为豪，这实在是一件很可怕的事情。在教育越来越走向专业化的今天，真的希望校长不再"把门"，班主任不再"坐班"，各人担起各自的责任，理性地、科学地做管理，做教育。

你简单，教育就简单

远程研修第一天，在网上遇见了近二十年没见过面的老同学。

最初，只是看着名字熟，通过评论留言和回复的反复试探，终于确定就是他，一个一别就没有了消息的高中同学。

加了QQ，一番寒暄。多是对上学时那些清纯羞涩的回忆，还有一些散落在墙角旮旯里没来得及生长的心情。相遇，是最美好不过的事情了，尤其是与共拥简单过去的人偶然相遇，这本身就足以唤起或快乐，或伤感的人生片段。

说同桌，聊糗事，话题自然就转到了各自现在的生活。

"读了师专，做了老师，就注定这一辈子生活不会有太大的意义。天天上课、备课，处理学生问题，盯着三年不变的学生，蹲在十几年没动的学校，一切都熟悉得令人生厌。这几年更是糟糕，老师成了高危职业，学校里时不时有因为管理学生而被家长打骂、举报的老师。我都不知道该怎么面对学生了：不管吧，学校领导还要成绩，家长也会说你不会教学；管吧，弄不好就成了体罚，家长就会告你，领导就会处分你。反正，倒霉的都是老师。"唉！一声长叹，老同学唠唠叨叨说了这么一大通。

自是很有同感，不做老师的人总以为老师是份悠闲的工作，风吹不着，雨打不着。隔着一段距离怎么能够感受到老师所遭受的那些琐碎与辛苦，怎么能够体会老师的那些无奈与辛酸？

"就拿假期来说吧，这可是别人眼红老师的最大一块肥肉。一下子两个月的带薪休假，着实值得兴奋一阵子。可是你看，这块唐僧肉谁都想吃：学校安排校本培训，接连不断的会议，无聊透顶的培训，还有现在搞的这个远程研修，最值得自我安慰的这点假期也快被折腾没了。"说到这里的时候，老同学一连发过来好几个 QQ 表情，愤怒、难过、抓狂、咒骂、折磨、流泪……

"静下心来，参加研修还是可以有些收获的。"趁着他还在发"表情"，我回了这么一句话。

"说得轻巧，要是只看看视频、读读文章也就罢了。还要写作业，这才是最烦人的事，那个作业可是要发到网上的，谁都可以看得到。咱天生不会写东西，做的那个作业要是被同事、同学、学生看到了，还不知道怎么笑话咱呢。现在我一听见研修就头疼，害怕呀，越害怕越不想听课，越写不出作业来。"似乎是我的回复点燃了他压抑已久的烦恼，他一下子发过来一大堆文字。

终于明白，他所有的烦恼其实都源于莫名的那些担忧：生活担心太平凡，教学担心成绩，管理担心惹出麻烦，做事担心被人嘲笑……过多的思前想后，让他的人生背负了太多的沉重，愈积愈多，以致最后自己都看不清自己了。

记得冰心老人曾经说过：你简单了，这个世界就简单了。其实，我可以接着这句话说：你简单，教育就简单。

为自己营造局部的春天

以前的学生来看我，其中有两个也做了老师，一个男生，一个女生。

男生教小学，在一个比较落后的县里。不幸的是，他工作的地方是在这个县最贫穷的一个乡里；更不幸的是，他们学校是这个乡最小的一个联小。地处深山，十个班级，二百多个孩子。老师有十几个，多是原来的民办教师转正的，家就在附近的山村，家里有地，或是小手工作坊。年龄偏大，加上经济上的压力，这些老师大多处在"亦教亦农"或"亦教亦工"的状态。他是最年轻的老师，刚刚毕业的时候是满怀着教育激情去的。一年多的光景，这些激情就烟消云散了。

他说，那里很闭塞，也没有一点儿学校的感觉。老师们若聚在办公室里，除了聊家长里短，就是搬弄是非。大多数时候，老师们是在上完课后匆匆忙忙赶回家。因为家里还有庄稼要收，还有地要种，还有小买卖要做，还有小手艺可以赚点钱。

他很悲观地问，老师，你说在这样的环境里我可怎么成长？我很认真地问他，你现在上完课都干些什么？上网玩游戏，看点新闻，我能做的也就这些了，他一副很无奈的样子。为什么不多读点书，多想办法研究研究教学？我继续问。没有那个氛围呀！别人都在扯闲篇，你要是在那里读书，就会成为另类的，不仅会被人笑话，弄不好还会被人孤立。研究教学就更不用提了，和谁研究？没有人愿意去讨论怎么上课，你要是在我们学校里谈教学，会被看成神经有问题的人。说这话的时候，他有些理直气壮，似乎所有的过错在于那个不上进的环境，与自己毫无关系。

女生教初中，在一所教学质量很不错的学校。男生的话还没说完，就被她打断了。在羡慕了半天男生没有压力、环境宽松之后，她开始倒自己的苦水：教育体制太落后，即使你有自己的教育思想，也不可能在这么一个功利的环境里实现；整个社会太世俗，很多美好的东西都只能放在自己的梦里。她还振振有词地列举了一些例子。比如分数，你有思想有抱负，你不过分关注教学成绩，你注重学生全面发展，但是考大学只用分数，家长只要分数，领导只看分数，没有了分数你就有可能待岗。你连课堂都丢失了，还拿什么搞素质教育？只要有分数束缚着你，你就无法挣脱，这是她的第一个结论。体制不改，老师就只能走老路子。这是她的第二个结论。

这么说我们就什么都不能做了？就只能安于现状不做任何的努力？我问。他们笑笑，又摇头。没有直接回答，但那意思我是看明白了，便问了他们几个生活问题。

如果下大雨，你还能不能出门？可以，可以撑一把伞呀！

外面的气温很高，我们为什么会感到很凉爽？空调，您开着空调的呀！

冬天我们吃的那些新鲜蔬菜是怎么来的？大棚，温室大棚里呀！

你看，伞、空调和大棚虽然不能改变整个天气，但是伞给了我们一小块没有雨的天空，空调给了我们一个舒适的空间，温室大棚给了我们一小片春天的感觉。这就足够了，在不能够改变整个环境的时候，我们能够做的，无非就是像温室大棚一样，为自己营造出一个局部的春天。

第四章

精心讲好自己的故事

必须写自己看见的，感觉到的，而且要写得真切、诚恳才成。

——契诃夫

从事例走向事理

扫码听书

一篇教育叙事的基本结构应该是"故事加反思",也就是通过叙述一个或者几个故事,从中得出某种教育观念、教育思想,或者是教育理论。其中最主要的就是对事件的分析和提升,这是事件成为事理的过渡和衔接,也是教育叙事最重要的典型特征。

最理想的理想

开学之初,我为班里所有同学建立了一个小档案,其中有一个栏目是"我的理想"。当材料收上来以后,我翻阅了所有学生填写的理想:画家、科学家、律师、明星、探险家、超级女生、快乐男生、警察、医生、主持人、白领……名目繁多,令人眼花缭乱,但是细细品味,我发现这些理想对于孩子们来说过于宽泛,过于遥远。

我问以科学家为理想的十五个孩子:你心目中的科学家是做什么的?怎样才能成为科学家?他们大多摇摇头。在他们看来,科学家就是在教科书或者老师的描述中很伟大、很令人敬畏的人,就像天上的云一样，值得仰视，却不知道飘在何处。

于是，我让孩子们做一个人生规划：在你实现理想之前，你要经历几个阶段？每个阶段的每一年，要达到什么样的目标？并让他们确定了今年的目标，再进一步确定了今年的每一个月要实现的任务。最后，我问孩子们：为了你的理想，你今天该怎么做？于是我把班级小档案做了一个调整，在"我的理想"下面加了"人生规划"这个栏目。再翻阅孩子们整理后的小档案，在"人生规划"的最后一条表述最多的是：从今天开始，上好每一节课，做好每一次作业；从今天开始，坚持锻炼，把身体练得更壮；从今天开始，一天一个小进步；从今天开始，每天比昨天多学一点儿知识……

对于孩子们来说，有远大的理想是难能可贵的，我们的教育也往往注重了孩子的理想教育，几乎所有的孩子在进入初中以前就已经被树立过很多个陌生的理想，而这些理想大多来自老师苦口婆心地讲道理、摆事实，或是神圣化了的前人，或是空洞的理论信仰。我不知道这些理想对孩子的成长到底有多大的作用，是不是真的在孩子的心目中生根发芽，我只是感觉，这些好像离孩子们的生活远了些。

贝尔纳是法国著名的作家，一生创作了大量的小说和剧本。有一次，法国一家媒体进行智力竞赛，出了这样一个题目：如果法国最大的博物馆罗浮宫失火，情况只允许你抢救一幅画，你会救哪一幅？结果在成千上万的答案中，贝尔纳以最佳答案获得该题的奖金。他的回答是："我救最近的那幅画。"很多人不明白为什么贝尔纳这个答案能获奖，其实道理非常简单：成功的最佳目标不是最有价值的那一个，而是最有可能实现的那一个。罗浮宫内一定有更珍贵的画，但是我们最应该去抢救的，应该是最有可能抢救出来的、离我们最近的那一幅。

其实，人的成长过程，就是把理想与现实不断调和的过程。如果理想过于远大，人们可能会因为看不到实现的可能而选择放弃。理想到底要多远？我想，就让理想恰好闪耀在孩子的正前方，不远不近，刚好照亮他们前进的路，这应该是最理想的理想。

没有你想的那么复杂

在操场上，遇到了一位年轻的班主任。

"王老师，出大事了，我们班有学生恋爱了，你说我该怎么办？"焦虑的神情在脸上一览无余。

"别急，说说到底是怎么回事。"我嘴上虽这么说，但也知道学生早恋是最难处理的事。

"两个男生追一个女孩，还争得要打架。"怕是被别人听见，他将声音压低了很多。

"有这事？你是怎么知道的？"这个事情可就严重了，我的心里也开始忐忑起来。

"你等着，我去给你拿他们传的纸条。"还没等说完，他便一阵风似的不见了踪影。

我开始紧张地考虑对策：通知家长？不行，要是家长不冷静打了孩子，会出大事的；召开个主题班会？也不行，纸条已经被发现了，要是全班讨论早恋的问题，这两个学生就知道是说他们的，心理上肯定承受不了。再说了，万一那个女孩就是本班的……真的不敢往下想，媒体上报道的那些因早恋问题处理不当而发生的悲剧，又一幕幕涌现出来。

"你看，就是这张纸条，他们传的时候被我没收的。我一看内容，吓了一跳，还没敢处理他们。你看怎么办？"

展开皱巴巴的纸条，上面写着这样的对话：

"我们一起追的女孩，该还给我了。"

"滚一边去，我还没喜欢够。"

"那是我的，你不能那么自私。"

"不管谁的，只要我还没爱够谁也抢不去。"

"下课 PK。"

"PK 就 PK，谁怕谁？!"

读完后，我笑了，拍了拍他的肩膀说："你要是去搜索一下《那些年，我们一起追的女孩》，就知道怎么回事了。一本台湾小说，很流行的。"

最终的调查，证实了这是一场虚惊。但是，我们所经历的教育焦虑却是真实的。我给这位班主任讲了在杂志上读到的一个故事。

一家知名外企的面试出了这样一道题目：请喝可乐。面试者面前放着一只杯子，一瓶可乐。正确的做法很简单，拧开瓶子，将可乐倒进杯子里，喝，就完了。但没有一个人做对，因为大家都在想：怎么会那么简单呢？一定不会那么简单的！一定藏有什么玄机，一定挖了坑，等着我去跳呢！于是，这些面试者的做法五花八门：有的将杯子弃之不用，直接拿起瓶子喝，心里想的是，这考的一定是我们去繁就简的能力；有的将可乐装进了自己的口袋，心想这考的一定是我们未雨绸缪的能力；还有的对着可乐坐了 15 分钟，硬是一口不碰，心想这考的一定是我们抵御诱惑的能力……最后，面试官宣布了正确答案，并且告诉他们：你们真是一群复杂的人，而这世界没你想象的那么复杂，最终，你们的勇气、激情和行动力会被你们的复杂消磨、束缚、扼杀。

是的，社会对教育的过度关注，导致了教育者对教育的过度恐慌和焦虑，面对一个教育问题，有时候会忽略其本质的东西，而把精力放在如何避免教育失误带来的后果上。教育因此而变得琐碎而复杂，枯燥而烦琐。对于教育者来说，必定会在无休止的担忧和反反复复的猜测中，慢慢失去教育的智慧和灵性。

其实，更多时候，我们需要对自己说：教育，没有你想的那么复杂。

丢掉的专业尊严

书城人多，学生更多。

站得有些累了，便在楼梯的僻静处坐下来休息。身边已经坐满了人，大都是家长带着孩子来看书的。

"来，你给我说说'黔驴技穷'是什么意思？"母亲一边翻看手里的《成语故事》，一边问身边的儿子。

"就是没什么招了呗！"儿子回答得很干脆。

"能举个例子说说吗？"母亲又问。

"你看我们老师，每当有人不写作业的时候就会叫家长，每当默写生字错了的时候就会罚写 50 遍，每当纪律不好的时候就会敲桌子吼人。没有好办法了才会这样做，这就是黔驴技穷。"儿子很认真地列举给母亲听。

"这孩子，咋这么说话呢!"母亲轻声制止了孩子的回答，一脸茫然地沉思起来。

坐在一边的我脸上火辣辣的，幸亏他们不知道我就是老师，幸亏他们看不出很多事情我也这么做过。当老师久了，经历的事情多了，对很多问题就不再看得那么重，就不再那么深究。用最简单的方法处理最复杂的问题，似乎已经成了教育生活的常态。在此之前，我充其量把这理解为我懒惰，或者是图省事儿，却从没有想到，在学生的眼里，这是教师无能的表现，是没招了，是黔驴技穷。

这真是一个讽刺，讽刺的应该是为师者的专业尊严。

教师是专业技术人员，这就意味着教书育人是一个专业性很强的职业。因为我们面对的是活生生的人，也就要求这份职业比其他的行当更需要专业精神。也就是说，教师除了需要职业操守，还需要专业尊严。

什么是专业尊严？就是一个人在处理问题的时候，使用的方法是科学的、具有专业性的，是行业外的人想不到和做不到的，这样就彰显出了你的职业价值和尊严。举个例子说，面对说谎的孩子，你揭穿他的谎言，狠狠揍一顿算是惩戒，再逼着他保证下次不敢了。这个方法谁都会用，这就没有一点专业性。而如果你能够认真分析孩子说谎的原因，并找出矫正说谎的方案，慢慢帮助孩子改掉说谎的毛病，这就是一个专业的方法。这其中体现出来的专业性和成就感，就是教师的专业尊严。

可遗憾的是，有多少这样的专业尊严，就在我们有意无意的松懈和怠慢中悄悄地丢失了，并且一去不复返。

"得到"的极致

他是我到西郊学校后教的第一届学生中的一员，虽然仅仅教了一年，但我们的关系很铁，算得上是无话不说。他上高中后，见面的机会少了，偶尔发个短信，QQ上留几句话，也都是在晚上，他被宿舍里的同学吵得睡不着觉的时候。

他说他正在学校门口等我，想和我聊聊，读了一年高中，有很多事让他感到困惑。

一见面，才一年不见的他变了个大样。曾经阳光好动，甚至有些淘气的那个野小子，变得有些像个受气的女孩子。低眉顺眼，小声小气，眉头蹙成了一个疙瘩。

"老师，你说人活着有什么意思？"他低着头，用脚尖蹭着地面上刚刚画过的黄线。

"干吗把自己弄得这么深沉，是不是到了'强说愁'的年纪了？"我几乎想笑，听他这样说话还真有些不习惯。

"不是，我是真的觉得没有什么意思。这一年，我想在新的学校能够被同学接纳，能够拥有很多朋友，所以我做了很多的努力。时不时地请他们吃零食，有了好东西马上就和他们分享，极力地迁就他们，他们让我做什么我就去做什么……我发现他们虽然和我在一起，却并不真正把我当朋友，充其量我就是供他们消遣的一个物件，想用的时候抓起来就用，不想用的时候，就把我甩得很远。"说这些话的时候，他的头低得很低，声音很小，但是满是抱怨。

"他们对你很重要吗？"我问。

"他们一伙人学习都不错，经常一起谈天说地，很多人都羡慕他们，也想加入他们的小圈子，可以说他们是我们班的'上层社会'，能加入他们是我的梦想。"一提及"上层社会"，他的眼里满是渴望，情绪也有些兴奋起来。

"那什么人才可以加入他们的圈子？"我还是第一次听说有人因为加入不了某个圈子而痛苦，便好奇地问。

"这不一定，反正他们觉得谁好就会去拉拢入伙，他们觉得不好的人，想加入就很难。"他一边说，一边数算起哪个人因为哪方面很优秀而进入圈子的事。

我大概听明白了事情的原委。初中的时候，他是班里的核心，学习比较好，人又"豪爽"，身边聚了一大帮同学，他就是这个圈子的核心。到了新的学校，他的优秀没有那么突出了，自然也就成不了圈子的核心，这种不被人接纳和认可的处境，对于他来说是一件很痛苦的事。也就是说，他希望得到的是别人的认可。

记起来朋友刚刚发到我手机 QQ 里的一段文字，便拿给他看：有一个人为了得到美丽的蝴蝶，便买来了一双跑鞋、一只网子，穿上运动服，追逐奔跑了很久，终于在气喘吁吁、满头大汗中抓到几只。可是蝴蝶在网子里恐惧挣扎，丝毫没有美丽可言，并且，一有机会就会飞走。另一个人也很喜欢蝴蝶，他买来几盆鲜花放在窗台，然后悠闲地坐在沙发上品着香茗，望着蝴蝶翩翩而来，心情轻松而美好。

老师，您的意思是？他似乎没有读懂文字的内容，有些疑惑地问。

我说，你现在要做的不是去追随他们，而是让自己变得强大起来。因为一个人要想得到自己想要的东西，其实有两条路可走：一是疲于奔命、低首欠腰地去追寻；一是静静做好自己，安静地去吸引。而后者才是"得到"的极致。

只要给了孩子一个梦想

前几日，学校搞了一次"我的梦想"收集展示活动，要求各个班级把学生的梦想卡张贴在教室门前的专栏里。每天，我都会匆匆从这些"梦想"面前走过，却从没有停下来好好欣赏过。只是感觉，这些花红柳绿的梦想卡上一定会有很多美丽的未来。

下午，我临时到班里安排一件事情，上课的老师讲得正浓，没好意思打扰，等候的时间里，便在走廊里仔细看起这些梦想卡来。

"我的梦想是考上三中"；

"我的梦想是考上四中，以此为基础考浙大"；

"我的梦想是考上好高中"；

"我的梦想是考上好大学"……

依次看下来，这些"梦想"都很现实，很直接，很近。充其量，算是一个人的近期愿望或目标，丝毫没有梦想的那种辽远与美好。再往下看：下次考试超过某某某，期末考试考到第几名，英语考试考到多少分……这些更为具体的比拼与打算也一一被列为自己的梦想。心里有种说不出来的疼痛，为这些"梦想"，或者说为这些孩子迷失了的梦想。

梦想是什么？在我看来，梦想就是一种能够让人感到幸福的东西，是心灵的一次翱翔，一种美；是一种不忍舍弃的深信，是精神的一次自由飞升，一种积极。梦想应该如泉，是纯洁的，不加一丝功利的色彩。梦想应该如云，轻盈曼妙，无所羁绊，在尽情中享受生命的欢愉。梦想应该如风，飘过一个方向，给人一个目标，那指向应该是朝着人的一种伟大，或者是崇高。至少，梦想应该是一种舒缓的浸润，没有那么多功利的束缚与捆绑。

青春期本是爱做梦的年纪，可是现在孩子的梦想已经相当淡漠。评价体系的偏离，让学校不得不背负起升学、竞争、排名、得奖等教育以外的负担，育人的社会责任被边缘到可有可无的地步。在这种功利思想影响下，教师不得不对考试成绩顶礼膜拜，学生的所有活动不得不围绕如何获得分数来开展，被圈在教育围城里的每一个人，心里所担负的唯有考试和分数的压力，梦想哪还有停留的地方？

我们一直习惯于教育孩子过一种储备式的生活，婴幼儿开始就要为童年做准备，到了童年就要舍弃童年的快乐为上学打基础，成了学生以后，所有生命的存在似乎只是为了挣得某种生活做铺垫。可以说，我们的孩子从来没有活在当下，从来没有在当下幸福过、痛苦过、存在过。试想，十三四岁的年纪，就要为一生的存在担惊受怕，坚忍地学习，这是不是有些残酷？这一生是不是过于苦和累？

著名特级教师吴非有一句惊世骇俗的名言："一所学校最可怕之处在于，一群愚蠢的老师在勤奋地工作。"我相信，吴非先生所说的"愚蠢"绝对与知识无关，与智力无关，他所强调的应该是教师梦想的缺失。诚如此，我们是不是可以这样说：一种教育最可怕之处在于，一群没有梦想的学生在刻苦地学习。

一个人可以什么都没有，除了梦想；一种教育可以什么都不做，只要给了孩子一个梦想。

在没有梦想的地方坚持

因为工作关系，我在一所学校待了一段时间。这所学校的前身是一所普通农村高中，因为生源的原因，不得不转型为学生综合实践基地，专门从事基础教育阶段学生的综合实践活动培训工作。

这里的老师，自然也就从担负着繁重高考任务的高中教师，一下子变成没有任何升学压力的基地专业教师。所谓的专业教学也是简单得不能再简单，无非是准备一个综合实践活动，每周一次教给轮流来基地实践的学生们。而备的这节课，只要你愿意，完全可以不做任何更改地在课堂上讲一年、两年，乃至十年八年。

为了上网写点东西，我每天都要到他们的教师办公室借用网络，而下面的场景就是我时时见到的：几个中年女教师，围坐在一起说着家长里短，婆媳矛盾、一日三餐都是讨论的主题；两个年轻教师，坐在电脑前讨论着股市的内幕与黑幕，时而义愤填膺，时而慷慨激昂，那声音绝对的"声贯满堂"；一个带孩子的老师，用电脑播放着动画片，音量大得足以覆盖办公室的角角落落……工作简单重复，加之没有了升学压力，很多教师迷失了方向，所有的意志和努力都在这样的环境中被一点点地消磨掉。

但每一次，我都会见到一个年轻人，坐在宽阔的办公室一角，默默地读厚厚的教育书籍，时而思索，时而做着笔记，时而会意地一笑。所有的喧嚣与嘈杂好像都与他无关，所有的浮躁和张扬好像都被书香浸染。他就是那么拥着一抹宁静，在淡然中坚守着自己的天空。偶尔，在他休息的间隙，我会与他闲聊几句。每每问他何以在这样的环境中坚持读书，他总是淡淡一笑，只一句，为了自己的梦想。

　　学生被分至很多个班级参加综合实践活动，每一个活动我都会跟在后边尽可能地参与或者旁观，也就见到了很多表情麻木的老师，看到了很多没有感情色彩的课堂。私下里和一些老师聊天，可以感觉到他们的无奈，不需要创新和拼搏就可以应付的生活，成了他们颓废的理由。

　　今天早晨，我随着学生到了"传统农具"这个活动现场。一位女教师，在认真地给学生介绍早期农民的生活用品，从交通工具到家居饰品，从农业生产工具到手工作坊设备，展室里那些毫无生机的破烂物件，在她幽默的讲解下变得生动而富有情感色彩。看得出，她是把自己的感情融入这些陈旧的东西中的；更可以感觉得到，她为了准备这节课搜集了大量的素材。课后与他们学校的领导交流，提到了这位教师，据他们领导说，这位教师在每一期活动中对这些同样的物品进行的讲解都是不同的，因为她一直在不断地更新讲解的内容，丰富这些物品的历史内涵。下午，再次见到这位教师，我对她表示了自己的尊重。她很自然地说，自己不想让时间就这么简单地溜走，更不愿意让自己的梦想变得平淡无奇，索然无味。

　　很多时候，我们会把生命的走向轻易地交给自己所在的环境，因别人的浮躁而浮躁，因别人的沉沦而沉沦。甚至，会把自己所有的失败和不幸都归结在别人的身上，因别人的放弃而放弃，因别人的妥协而妥协。其实，很多时候我们看不到梦想，大多是因为自己忘记了坚持。无论什么时候，我们都不应该忘了身边那些一直坚持梦想的人，不应该忘了那些为了梦想而终其一生的人。

　　毕竟，在那些没有梦想的地方，能够坚持梦想的人，总会赢得别人的尊重，也最终会赢得成功。

教育越来越臃肿

全区基础教育工作会议的最后一项议程是参观中小学生综合实践基地，在解说员的引导下，我们参观了诸多培养学生动手能力的教室。在陶艺室里，展台上摆满了学生的作品，多为一般大小的陶泥缸，零散着几个泥塑的小动物。

"还不如小时候咱们捏的动物种类多呢！"

"是呀，那时候也不用专门教，好像自然而然就会呀！"一个声音传来，马上引来众多的附和声。

小的时候，学习任务没有现在重，放学后的时间大多是在伙伴之间的各种游戏中度过的。玩泥巴就是我们最喜欢的一个打发日子的活动。在村边的河沿上，挑选一些质地较硬的黄泥，就着水渠或者小桥的水泥地面，使劲摔打这些黄泥，不断增加它们的韧性，直至可以任人拿捏的时候，我们就开始充分发挥自己的想象力，捏小狗、小猫、小鸡等等一切自己可以见到的东西，甚至还捏出"鸭子拐磨"、天平秤、泥哨等颇有科技含量的作品。小伙伴之间的互相交流、自发的比赛都会在提高"陶艺"水平的同时，赢得童年最快乐的时光。

现在的孩子，大多是难得下楼的，网络和电视给了他们过多视觉生活，动手能力成了他们的弱项。学校搞个手工小制作比赛，能够参加的学生寥寥，能拿出好作品的更是没有几个人。回想我们的童年，哪一个小伙伴要是没有拿手的"技术"是会被笑话的。曾经把装青霉素的空药瓶用铁丝拴住，吊在火炉上烤，直至玻璃瓶子慢慢融化，拉长成一个一个烟袋嘴；曾经用自行车的链条等废旧材料，做成能激发火药的"洋火枪"……

原本是少年时代自然而然的游戏，现在一步步走进了学校的课堂。陶艺、手工、主题活动等等一系列我们现在看来是创新点的创意课程，其实不过是孩子本该有的天性。孩子生活的空间越来越小，而我们教育的附加品却越来越多。最为可悲的是，我们用一大堆的理由限制着孩子的自由生长，诸如安全、文明等等，以保护的名义一点点剥夺了他们作为自然人应有的自我成长的权利，然后又变着法把这些自然的东西变成生涩的课程。这种做法，真的类似于拆掉名胜古迹、自然景观建现代化的游乐场。其实，很多能力本该是自然形成的，因为我们的扼杀，就必须付出代价、耗费精力重新进行人工培养。

教育，也就只能是越来越臃肿。

别让"辅助"成了"束缚"

一个下雨天，我把车子放在了学校，第二天早晨只好坐公交车上班，从家到公交站有一段比较远的路，便比平时稍稍早一点离开了家。顶着小雨，打着雨伞，背着自己的小电脑，走在方格地砖铺成的便道上。边走边想，一种从未有过的舒畅，像是雨淋过的空气，清爽着一路的心情，轻松而悠然。

这条路，骑车或者驾车不知走过了多少遍，给我的感觉，除了拥挤、喧闹以外，就是无数的交通标志灯和纵横分布的交通标线。无数的条条框框牵绊着人的心思，盯红灯看标线，赶路就成了一项精力极度集中的事儿。每一次经过这里，就如同要拼命挣脱一种束缚，徒增了些许烦恼、愤懑、疲惫与紧张。

路还是那条路，心情的迥异该是源于行走的方式。骑车与驾车都是借助外在的东西，为自己省力或加速。既然借助了外力，就必然要接受外力所附加的种种牵绊，以及可能导致的更大的问题，大部分的心思就该是放在保持外力的持久与稳定上，心理上或许就会有些依赖的成分。自己走路，关注的就是路和自己的心情，无需左顾右盼，也不会有任何的期待，当然也就少了很多负担。因为除了走路，没有其他任何东西值得你劳神费力，一路轻松自然就是顺理成章的事。

其实教育也是如此。看看现在的课堂，真的有点豪华而奢侈：多媒体、实物投影，还有时髦的电子白板，一个教学课件就把一节课渲染得丰富多彩。借助先进的科学技术来辅助我们的教学，本无可厚非，并且是一件值得庆贺的事。但是，事情往往会跑过头，当辅助成了核心，当借助成了手段，很多老师把主要的精力花费在了做课件和操控教学设备上，所在乎的无非是展示得够不够精彩，设备能不能正常运转，至于课的深度与灵性倒是无暇去考虑了。因为有了依赖，才有了优秀教师在上示范课的时候，因为机械故障而不得不遗憾地宣布无法上课的遗憾。没有粉笔字的黑板，听不见书页翻动的教室，总是让人感觉缺少了一点儿教育的味道。

现在的课堂最不缺的就是所谓的理念和模式，人们总是希望借着某种有高度的东西，硬生生地把灵动的课堂变成可以操控的程序。几步几环节，几段几层次，这些数字把整个课堂分割得支离破碎，犹如公路上的那些线条，规定着哪儿可以去，哪儿不能走，红灯绿灯依次阻碍或放行学生的思维。教学毕竟不是交通，约束多了未必是好事。

路还是自己走起来灵活，教育还是本真一些更像是教育。剥落那些附加在教育身上的东西，教育才有可能走得更轻松、更惬意。

以简洁的文字入笔

扫码听书

入笔对于一篇叙事文章来说尤其重要。入笔的质量好不好，就在于开篇文字是否简洁易懂，是否用最少的文字交代了最多的叙事要素。第二点需要注意的是，教育叙事要么是先叙事后反思，要么是夹叙夹议，无论哪一种都应该是叙事在前论理在后。

省略掉的教育

前几天，陪同记者到学校采访。

在一所学校，温度适宜的办公室里，校长滔滔不绝地介绍着"学生为本"的办学理念。我却有了一丝倦意，便抽身来到教学楼，随意转了一圈。

三楼，有一间办公室。还没走近，就听见里面传来呵斥学生的声音。透过门上的玻璃，清楚地看见几个老师围着一个学生指指戳戳，偶尔还推推搡搡。站在中间的学生，低着头，沉默不语，似乎已经习惯了这种群起而攻之的架势。有些替这个学生担心，这样狂风暴雨般的"打击"经历以后，还有什么样的批评他不能"坦然面对"？还有什么理由不破罐子破摔？

我决定"救援"这个学生。轻轻敲门，顺手推开，侧身进了办公室。我的到来，明显惊动了他们。也许是因为陌生人的介入，也许是因为想起了今天有人到校采访，他们很警惕地结束了这场"批斗"。其中一个老师温和地对学生说："今天先到这里吧！"便挥挥手让学生离开了办公室。那态度，与前面的愤怒截然相反。

没有任何的言语，我默默地进，默默地出，却让一场声势浩大的批斗"自觉"地结束。原因很简单，他们知道这样的批评有些简单、粗暴。

在另一所学校，走廊里排满了书橱，书橱里整齐摆放着崭新的图书，很有一番书香校园的味道。

恰是大课间时间，学生蜂拥而出，在走廊里说笑、打闹，却没有一个人走近书橱，总是不远不近地与图书保持着一段距离，更没有人拿出书来阅读。到了另一个楼层，远远地看见几个学生围在书橱旁。一阵惊喜，总算是有人读书了。走近，才看见他们手里拿的不是书，而是记录本。原来，他们是维持课间秩序的检查员，检查的目的就是不让学生接近书橱，防止随便翻动图书。

问身边的学生，有没有读过走廊里的这些书？答曰，没有，老师不让随便动。问他们，最近读过的书是什么？答曰，课本、辅导书。

懂得用书籍来装点校园，就说明了一个问题，他们知道读书是一件高尚的事情，更知道学生应该多读书，知道读书对学生成长的重要性。

有时，我们会把暂时的"压住"当作管理的目的，把做做表面文章当成教育的成果，但这并不意味着我们不懂教育。其实教育里的很多规律、理念我们比谁都清楚，只不过我们更习惯于走捷径，习惯于直奔目标而去。

遗憾的是，这其中省略掉的那部分，恰是货真价实的教育。

成长，带着渴望

晚上，我接到了一个学生的电话。

"老师，您现在忙不忙呀？没打扰您吧？我现在无聊透了，就想和您说说话。"电话是我十年前的一个学生打来的，她现在已经是一名小学教师，已有三年教龄了。

"怎么会无聊？你这么年轻，正是努力工作的时候。"十年前的她是一个很勤奋的学生，也正是因为她的努力和执着，才让她这个打工者家庭成长起来的孩子拥有了教师这个职业。"无聊"这两个字眼从她的嘴里说出来，着实让我感到一丝不解。

"老师，我都教了三年学了，我们学校从来也没有组织我们去外边学习过，我现在都不知道怎么上课了？"她在她们县最偏僻的一个乡中心小学教学，那是一所典型的山村学校。据说，学校的基本办公经费都很难保障，组织教师外出学习培训根本就是一个遥不可及的梦想。

"学习也不一定要到外地呀，你们学校可以上网，这就是一个瞭望外面世界的最好途径，你可以多浏览一些教育网站，接触一下新的教育理论。再说了，你周围还有那么多同事，他们都是你要学习的对象呀！"很多人把学校不能提供学习的机会作为自己不努力的理由，我不希望我的学生也有这样的思想。

"唉！老师，您可别提了。我周边的同事老的老小的小，上完课后老的忙着回家种地，小的忙着玩游戏、聊家常，没有一个人愿意坐下来交流一下教学的问题。"她说的应该是真实的情况，山区学校的老教师大多是民办教师转正的，家里都还有不少责任田，而新教师往往会因地域的荒凉而熄灭曾经的激情。

"那你到底还有没有成长的渴望？"从开始到现在，她说得最多的就是个人发展的外部环境如何恶劣，如何不能满足自己成长的需要，却从没有提及自己所做的努力。任何的抱怨都是不能帮助自己成长的，我必须让她明白这个问题。

"我？我想做一个好老师，但是你看看我所处的环境……"她还是不由自主地为自己寻找不能成功的借口。

"名家大师的引领，优良环境的熏陶，学校领导的帮助……这些都是一个人成长的外部环境，是滋养一个人教育生命的额外养料。但是，能不能成长的关键还在于你自己，在于你有没有成长的内驱力、勇气、信心和激情。你还记得自己上初中的时候吗？你随着打工的父亲来到我们这里，来到我们班学习，与当地的学生比起来，你没有富裕的家庭，没有好的学习环境，没有上辅导班的费用，你不仍然靠自己的坚持成长起来了吗？我记得你在毕业的时候说过，你最富有的是内心里那份成长的渴望。"她在初中学习时的那份韧劲至今让我颇为感动。

"我懂了，老师，不是环境给我颓废的依据，而是我在为自己的懒惰、平凡、庸俗寻找理由，我会努力找回成长的渴望的。"她挂断电话的时候，我看了看表，通话时间整整 45 分钟，恰好是一节课的时间。

但愿这 45 分钟的时间，能够让她开始成长，带着渴望。

"内需"才是教师成长的力量

金茵小学的常丽华老师，应该是新教育实验中的佼佼者。本以为这样一位卓越的新教育实验践行者，所在的学校必定是一块新教育实验的沃土，身边的老师即使达不到她的优秀，绝对也应该是紧随其后。但是，当你走近她，走近她所在的学校，走近她身边的教师，你就会发现，其实她是一个孤独的舞者，在聚光灯的照耀下孤单地舞着属于自己的美丽。

走进她的课堂，你确实可以感受到"农历的天空下"那片特有的原野。走进旁边的任何一口教室，你会发现里面并无半点新教育实验的痕迹。普通，如同我们的一般；专有，带着浓烈的个人印痕。

到莱芜，终于见到了熟悉而又陌生的郭坤老师。在一个全市整体推进新教育实验的地方，本以为她就是漫山遍野的油菜花中的一朵，只不过稍稍有些娇艳，多一点芬芳而已。没有想到，她竟也是荒凉中独自绽放的一朵，显得那么另类，那么孤单而又执拗地横亘在试验田的一隅。

"底线＋榜样"，是新教育实验在管理方面的一项铁律。而事实上，新教育实验在各地的开展也确实呈现着这样一种规律：底线人数众多，榜样往往了了。

为什么？处在同一所学校，浸润同一个新教育理念，有的人走得很远，站成了一道风景，成为榜样；有的人寸步难行，跌跌撞撞在原地徘徊，心甘情愿地固守着一道底线。

机遇、环境、可能等种种外显的东西，简单而有序地摆放在我们的面前。有的人抓住了，并奋勇向前；有的人赶上了，却是那么漫不经心；有的人放弃了，重新回到自己的世界。一切就都那么自然而然地产生，榜样？抑或底线？

有一种现象，一直深深刺痛着我，那就是太多的教师喜欢扮演"搬运工"的角色：他们是知识的搬运工，把教科书上的知识原封不动地搬到教室里，塞到学生的脑袋中；他们喜欢做教书匠，日复一日地重复着经验和来时的路，并且乐此不疲；他们习惯于被支配，永远遵循着领导的指令和传统的做法，不做半点更改。

而一旦涉及"成长"，需要抛开好多固守的东西重新来过，很多人就会选择逃避、妥协和放弃。离开了内在的坚持和努力，任何外在的鼓励和支持，都会在成长中败下阵来，丢盔卸甲，溃不成军。

乍暖还寒的三月，在蒙山偶尔见到了几朵野山花，瘦小而纤弱，但娇艳却是满山的枯黄也不能掩饰的。细细看去，它们竟毫无例外地生长在石缝与险峰之中，那些颇为平坦的山脚或洼地里，却无法觅得。

原来，对于生命来说，环境只是赖以存在的一个空间，真正源于内心的需要才能迸发出前行的激情。对教师而言，"内需"才是成长的力量。

每一分努力都值得尊重

"老师，我们班主任让我问问你这节课是不是去讲数学题？"课代

表一阵风似的跑进办公室，喘着粗气对我说，眼睛却一直盯着我的脸。

"这节课是数学课吗？"我慌忙找课程表，怕是自己忘记了上课。

"不是。这节课是自习，没有人上课，班主任就是让我来问一下您有没有数学题要讲。"课代表解释道，眼睛还是没有离开我的脸。

"哦！要是你们班主任没有时间看着你们上自习的话，我……"一下子想起来，这是预设的校会时间，全校性的会议都安排在每周的这节课。今天的校会暂停，所以空出来这么一节"无主课"。班主任老师应该是为了多给数学课一些练习时间，才让课代表来"请"我去上课的。恰好学生对有理数的混合运算还不是很熟练，再练几道题也不错，我一边想着一边收拾课本打算去教室。

"老师，还有一个事想告诉您。"看见我打算去上课，课代表声音有点紧急地说，"班长让我很委婉地问问您，能不能让我们上自习？"说这句话的时候，她的声音随着我面部表情的变化而时高时低。

这帮调皮鬼，原来是在设套让我钻。显然，他们希望通过自己的努力获得这一节课的自由，赢得在这节课上做家庭作业的权利，这样就会省下很多时间回家去潇洒一把。但班主任让数学老师来上课的"圣旨"又不能违抗，只好从我的身上打主意。这个鬼精的课代表一直盯着我的脸"察颜观色"：如果我不打算去上课，她就可以回去理直气壮地回复班主任；如果我有去上课的意思，她就会使出刚才这个柔软的"撒手锏"来阻止我。

"那你就回去很委婉地告诉班主任，数学老师觉得这节课上自习更合适。"似乎，我是让她这个"很委婉地"给打动了，也回敬给她一个很委婉的回答。其实，真正打动我的，是她和她身后的那帮孩子为争取自由而进行的种种努力。

"耶！谢谢数学老师！"又是一阵风，不见了踪影。

我相信，这节课他们会很快乐，因为这是他们以自己的努力争取到的"胜利果实"。我更相信，尊重他们的努力，鼓励他们以自己的努力去争取想要的东西，并用最终的成功满足他们的成就感，远比讲几道数学题更有意义，更有价值，也更像是教育。

毕竟，每一分努力都值得尊重。

留出一条小路

去一所学校调研，休息的时候我到校园里转了转。在一个僻静的角落，一段墙明显与别处不同：本是洁白的墙面落满了脚印，墙的顶部有些砖块没了踪影，留下很多大小不一的缺口。

"这都是不听话的学生搞的，每天都有一些学生从这儿爬出去。"陪同的学校领导看出了我的疑惑，一边解释一边用手抹了抹墙上的脚印。

"他们为什么不走大门？"他的解释让我更加疑惑。

"咱们学校是半封闭管理，中午的时候学生一律不准随意外出，他们要是没有正当理由请假又想出去，就会选择这种违反校规的做法。"他继续用手抹脚印，却越抹越乱。

"也就是说，咱们是允许学生请假出去的？"我继续问。

"是呀！学生有特殊情况可以请假，只要家长到校签字领回去就行。"他越说越激动，最终放弃了抹脚印的想法，愤愤地说，"现在的学生真难管理，不想着履行正常的请假手续，尽想些歪门邪道！"

我笑了笑没有说话。这时他接了一个电话，抱歉地说自己有点事要回办公室。我谢绝了他继续陪同的好意，让他忙自己的事，而我也打算自己转悠着看一看。他一再表示抱歉，匆匆回到了办公室。我继续站在离墙不远的地方，饶有兴致地"欣赏"起那些脚印来。

不一会儿，在稍远的地方聚起了四个男生，时不时地看看我，再看看那段墙。我有预感，这几个学生是打算从这儿"逃"出去的。

"是不是想出去？"我走到他们面前，尽可能"讨好"地问。

"你是我们学校的老师吗？"他们没有回答我，却问了这么一个问题。

"我不是这里的老师。你们是打算从这儿出去吗？"我用手指了指那段墙，继续"讨好"地问。

"是呀！你不会去告状吧？"他们彻底打量我一番，又一番嘀咕，确定是个陌生面孔后，个头儿稍大的学生盯着我问。

"我保证自己不是个爱告状的人，我只是不明白，你们要是想出去的话，为什么不向老师请假后正大光明地出校门呢？"我做了一个发誓的手势，惹得他们哈哈大笑。

"请假太麻烦，还得让家长来领，他们哪有空来领我们。再说了，我们要是想出去买点文具和零食，怎么值得让家长来一次学校呢？"

"我们都是中学生了，出个校门还要家长来领，感觉有点别扭。"

"要不是因为生病这样的原因，几乎所有的学生出门都是爬墙出去的，包括女生。"

……

七嘴八舌，他们确认我不是学校的老师后变得无所顾忌起来。从他们的回答里，我开始思考那位学校领导的牢骚。就这个问题来说，到底是学生难管理，还是我们的管理有问题？

　　无论是班级管理还是学校管理，制度大都是由管理者来制定的，这样的制度更多体现的往往是管理者的意愿，很少会考虑到被管理者的接受度。正如这所学校的半封闭管理一样，无论学校是出于安全考虑还是为了增加教学时间，这都是管理者的一厢情愿，至少是过于偏袒管理者的需要，根本没有考虑到学生为了这种管理而面临的那些多余的牵绊。

　　这让我想起了德国人设计草坪的方法：他们先规划出草坪的具体位置、形状、大小，然后根据周围的道路和建筑，按相互之间最短的路线，在这块地上修筑一条条小路，直到满足所有人横穿草坪的需要，最后再铺草皮。这个方法的好处是：当所有人在横穿草坪的时候，最短的路线上都已经有了路；当所有人都习惯了从路上走的时候，践踏草坪的人自然会成为众矢之的，人的素质就慢慢地提高了。

　　再看我们设计草坪的办法：或是因为领导的一时头脑发热，或是为了某种面子上的炫耀，一大片草地或方或圆铺在了那里，不管是不是阻住了公众的道路，也不管是不是妨碍了大众的方便，反正不会给人留出一条小路。意思是说，不管草坪的存在是不是合理，你们都必须学会规避。

　　你看，同样是为了让人们不任意践踏草坪，设计一条小路，远比树一块"严禁践踏草坪，违者罚款 20"的牌子要聪明得多。如果再往深处想，我们可能会得到一个更深层的隐喻：当某项规定大多数人都不能坦然接受的时候，需要改变的就应该是规定。而改变的方法很简单，无非就是留出一条小路。

淡淡的皂香

开学第一天，我急匆匆地走进校门，经过七年级那群叽叽喳喳簇拥在教室前的学生时，嗅到了一阵阵淡淡的皂香。

我知道，那是学生身上散发出来的，确切地说，是他们的校服裹挟着的清香。

到了教室，学生们早已坐在了自己的座位上。有的读书，有的发愣，有的还在谈笑假期里的趣事。但大多是在学习，趁着早晨，他们想记住更多的东西。这似乎与平时并没有什么不同，看起来，一切如故。

但，走过他们身边，熟悉的肥皂味，似是水洗过的幽香。

下午的最后一节课，讲完要去综合实践基地学习的事情后，我和学生谈起了这些淡淡的香。我知道，这香是他们昨天或者更早的时候，为了迎接今天而留下的印痕。他们，一定是认认真真地把自己的校服彻底清洗了一遍，用的皂粉虽然不同，但清远的香是一样的。

我闻到了一股很喜欢的味道，这是咱们班里平时所没有的。谁知道，是什么味道？

他们开始用鼻子嗅，装模作样的。有的，甚至嗅到了别人的身上。是皂香，几个女生最先得出了结论。或许，女生对于这个比男生更敏感些。

是皂香，我也说。比平时臭烘烘的汗脚味好闻多了，我接着说。哄笑，他们笑，笑得很彻底，很纯粹，无遮无拦，肆意得很。

为什么这么集中地穿刚刚清洗过的衣服？为什么每个人的身上都

有股子香味？我不经意地问。新的一年，新的开始，怎么也得穿个干干净净的衣服呀！虽是七嘴八舌，说的其实是一个道理。

我开始崇拜起古人的英明来，他们大概是懂得在长久地努力之后，需要一个心灵休憩的空儿，便设了这么一个春节。在经历了最冷的寂寞之后，在柳芽儿刚刚要绽绿的时候，有这么一个安放心灵的节日，让人们经过短暂的放纵，重新找到了开始的力量。这，或许就是年的价值所在。

我说，真的希望这股清香永远留在我们班里，让我们的每一天都是这么新鲜而值得期盼。我说，人生最重要的寻觅，其实都在这份清香里，随着我们的脚步一点点地走远。哦！他们都在重复这一个口型，不知道是不是能够听得懂。

开学第一天，你或许有了许多的欣喜：熟悉的笑脸，熟悉的声音，熟悉的校园……一切习已为常的东西，因为时间的阻隔，变得新鲜而值得期盼。

而我，却独独嗅到了皂香，清爽而淡雅。

那道"楚河汉界"

拖地的同学很认真，来来回回把走廊拖了好几遍。水特有的潮湿感让水磨石地面颜色重了许多，一股清爽从地面透到心里。两个班级的交界处，有几片碎纸，还有积攒下来的灰尘，与两侧的洁净形成鲜明的对比。

"那个地方是不是该拖干净？"我指了指那道刺眼的"楚河汉界"，问正忙着洗拖把的同学。

"那不是咱们班的卫生区。"他回答得很干脆，没有丝毫的迟疑，是那种理所当然的肯定。

"不就是顺手拖一下吗？用不了多少时间，也花费不了多少力气，顺手可以做的事情为什么要分得那么清楚呢？"我有点疑惑，从他的语气和神态里，我感觉他并不是不愿意去做，而是认为不应该去做。

"老师，您真的觉得应该拖那个地方呀，我还以为您在考验我有没有班级意识呢。"他看起来比我更疑惑，停下来傻傻地看着我。

"你看这样子是不是看起来更好些，整个走廊就都一样干净了。"我接过他手里的拖把，把"楚河汉界"给抹掉了。

"唉！其实不是我不想拖这个地方，只是不知道该不该拖。"他叹了口气，给我讲了他的一次遭遇：在小学的一次卫生大扫除中，他在室外卫生区值日，在打扫完地面要回教室的时候，他发现两个班级的交界处有些垃圾，便马上过去清理起来。没想到，他的班主任却把他狠狠批评了一顿。因为他的班主任过来检查的时候，发现自己班级的卫生区内有落下的树叶，而他却在别人的地盘忙得满头大汗。

"我至今还记得老师当时说的话，'你知不知道自己是哪个班级的？有没有班级意识？不行你就到他们班去上课吧！'所以，以后我就不敢再打扫那种地方了。"他说这些话的时候，一脸的茫然，"那种地方"四个字说得特别重，似乎是心有余悸。

一时无语，看看教室里的这五十多个孩子，洋溢的朝气与活力给了他们成长的勇气和可能，而岁月的单薄也让青春年少多了些许脆弱。我开始担心，不知道在他们成长的路上，究竟会在什么地方，以怎样的方式，被谁给划定那么多的边界，也不知道他们会在什么时候，跟着什么样的人迷失了方向。

走廊里的那道"楚河汉界"很容易被抹掉，不知道留在孩子心里的"楚河汉界"能不能彻底消失。

再遇山子

在老家的村头，遇到了山。

四十岁的年纪，看起来已经是一个彻底的小老头：秃顶，佝偻，衔着一根已经很少见了的旱烟袋……推着一辆半旧的自行车，自顾自地低头前行。喊了他一嗓子，他迟疑半天终于停下来，浑浊的目光里闪过一丝异样。并没有阔别多年再相见的喜悦，简单地寒暄几句，他又兀自走了，仍是低着头。

回到家，和娘聊起山。娘说，这孩子真是遭罪，四十多岁的人了还没讨上媳妇。

山是我小学时最要好的同学加伙伴。小时候的山聪明好学，父亲在外乡镇当民办教师，母亲也识很多字，这在当时文盲父母居多的农村，应该算得上是一个"文化"家庭了。山的父母对他的要求很高，也对他的未来寄予了很大希望。每天放学回家，我们在街上、田里疯打疯闹的时候，山都会在父母的要求下安静地读书。山与我们这些放养的孩子相比，自然就多了很多的书香气，学习成绩也在班里数一数二。

在我们看来，山应该是我们这些人中唯一一个可以走出农村的人。自然，山和他的父母也是这样认为的。每当我们邀山一起做游戏时，山的口头禅永远不变：俺爹说了，得好好学习，学习好了才能考上大学，才能成为城里人。山的父母是断然不会轻易让我们这些疯小子接近山的，怕我们影响了他的学习。那时，我的学习成绩不错，有时候还会超过山，我也因此成了唯一一个可以接近山的人：可以出入他的家门，可以和山一起聊聊天……在他的父母眼里，山只能与学习好的孩子一起玩。

后来，可以接近山的伙伴越来越少，我也失去了这个权利。因为山的父母说，山得一心一意学习了，容不得别人打扰。山就在父母的注目下变得越来越孤独，而考大学的梦却越来越重，从山的言语中我们可以清晰地感觉出来。再后来，山的父亲把山接到他教学的地方读书，我们见到山的机会就越发少了。

慢慢地，山淡出了我们的生活，以后的事情我大都是听来的。为了考上中专，山仅初三就读了五年。多年的复读生活，让山变得越来越沉默，但是父母仍然鼓励他坚守读书梦。最终，他以刚刚过分数线的成绩考上了一所商业学校。但是，当他毕业的时候，中专学校已经没有了国家包分配的特权，拼命考上的中专并没有改变他的生活。没有工作，不善交际，沉默的他突然发现除了读书，自己竟然什么都不懂，什么都不会。无奈，他的父母只好托人安排山到一个小学当校工，希望他在这个似乎仍未离开学习的环境里，继续求学梦。山很勤奋，自学了专科、本科，但终是没有改变自己的生活，反倒让自己的路越走越窄。因为只是朝向求学这一条路，山走成了一个孤独、失败的行者。

山的遭遇让很多人不理解。在我们这里，个体私营企业极其发达，识字不识字的人都在这里找到了自己的生存之路。小学未毕业的，从打工做起，也已经成了小老板；大字不识的，也打拼出了自己的小事业；考上大学没有工作的，也在一番折腾之后找到了自己发展的空间。为什么只有山会走到这样一个窘迫的境地？

你说，这孩子是不是学傻了？娘问。我没有回答，也无法回答，却想起了一个朋友讲过的有趣实验。

美国康奈尔大学的威克教授做过一个实验：把几只蜜蜂放进一个平放的玻璃瓶中，瓶底向着有光的一方，瓶口敞开。蜜蜂们向着光亮不断碰壁，最后停在光亮的一面，奄奄一息。然后，他在瓶子里换上几只苍蝇，苍蝇和蜜蜂不一样，先是朝着有光的方向飞动，几次碰壁后，开始改向其他方向，或向上，或向下，或逆光……一方不通，立即改变方向，不到几分钟，所有的苍蝇都飞出去了。

像蜜蜂一样，人的一生在最初都有一个看起来发亮的梦想，并为此而做出种种努力。但是，人也得学会像苍蝇一样适时转向，在一遍遍看似悲壮的横冲直撞中，寻找适合自己的方向。

你凭什么是名师

周末回老家，村子里的幼儿园门口悬挂着一个大横幅，上面写着：欢迎某某学校著名教师某某某加盟我校。

幼儿园是我一初中同学办的，是发小也是无话不谈的朋友。而条幅上的某某某我也恰巧认识，是同行也颇为熟悉。一个中学的老师怎么会加盟幼儿园呢？心生疑惑，便拨通同学的电话询问详情。

同学解释说，为了让幼儿园的教室、桌凳等资源在周末也不闲置，便开设了周末辅导班。辅导班的学生从小学到初中都有，自然就需要聘一些兼职的中小学教师，某某某就是他请来的辅导教师。

"据我所知，某某某并不是什么名师呀，为什么要这么宣传呢？"

在我的印象中，某某某无论教学能力还是工作态度都很一般，在学校里并不出众，在这里被宣传成名师，让我百思不得其解。

"你真是教书教傻了，他不是名师，他所在的学校是名校呀！名校的老师当然就是名师，没看见我连他们学校的名字都打在条幅上了吗？"同学在那边开始笑起来，我的愚钝看来是出乎了他的预料。

原来如此，名校的老师就是名师。或许，同学看重的并不是某某某的教学能力，而是他名校教师的名头，而这个名头在学生家长的心目中是占有十分大的分量的，自然会为辅导班的招生带来"名师"效应和极度繁荣。这虽是招生炒作的权宜之计，但其中所包含的人们对名师的崇拜和尊崇可见一斑。

真正值得我们思考的是：这些所谓的名师又是从哪里来的？我想这其中有两个渠道，一是裙带关系，二是行政认定。

裙带关系是说这些"名师"之名是因为沾了外在因素的仙气，虽然自己并不优秀，但借着"母因子贵"或"父因子荣"的关系连带而成名。因为一个占尽优势教育资源的名校往往可以为教师造就更多成功的机会，一些原本业务素质稀松平常的老师在优质生源的哄抬下便成了名师。比如刚刚提到的某某某，就是因校而"名"的，与其自身并无多大的关系。

行政认定是说很多人是靠自己的努力获得教育主管部门的认可成为名师的，这突出表现在各级教育主管部门定期评选的名师、能手、骨干上。这些荣誉的获得是要靠证件来累加的，也就是以荣誉换荣誉。比如积累了一定数量的讲课奖、教学奖、论文、课题等"硬件"后，很可能就会换来级别不等的名师称号，略次一点的，可能就是能手、骨干。所以很多人为了获得这些"硬件"往往会各显其能：劳神费力表演一节与平时上课截然不同的"优质课"，目的就是拿个课赛奖；拼命挤压学生甚至不惜体罚，无非就是为了考个好成绩；东拼西凑、花钱找关系发表一篇论文，就可以在赋分时多上一两个筹码……如此种种，教育这个行当就在争做"名师"的战斗中，竞争得越来越残酷。可以说，在每一个名师的称号下，无不充斥着众多教师的血汗和学生的泪水。

不可否认，有些功成名就的老师，他们的心思并不放在教育教学上，而是把名师之名变成了获取名利的工具。很多名校的教师，其工作能力未必比普通学校的教师要强，工作态度更不如那些默默无闻的弱校的老师，但他们却赚取了名校带给他们的丰厚回馈，名誉的，或者是物质的。

当然，在我们的周围不乏既具有真才实学，又对教育充满无限热情的名师。更有一些活跃在各大教育网站、教育群里的一线教师，他们大多来自基层的无名学校，或者偏远封闭的落后地区，但他们有教育的激情和热情——或用思想和智慧论战，或以冷静的思考审视自我，或以文字记录自己鲜活的教育实践。

他们不是名师，他们不处在名校，但他们有能力思考中国的教育，有勇气为中国的教育呐喊。与他们相比，我们是不是可以这样问那些所谓的"名师"：你凭什么是名师？

常在细微处用心

扫码听书

在细微处用心有两层含义，一是说叙事的过程中要注意细节描写，二是说在提升提炼观点时要善于以小见大。细节的描写，大多体现在对人物的语言、动作、形态的刻画上。细节决定成败，细节往往也会决定一个故事的丰润程度，甚至决定一篇叙事文章的成功与否。

"微小" 的力量

这几天，小勇的表现出乎所有人的意料。

和几个学生闲聊，学生问我他为什么一下子变得这么好了。我笑笑说，他一直这么好呀，只是你们没有发现而已。学生不信，又开始列举他以前的种种"劣迹"。我再次告诉他们，别总是盯着别人的缺点，向着好的方向看，谁都有闪光的地方呢！学生点头称是，呼啦一下子散了，说是找自己的闪光点去了。

经这些小家伙一说，我也觉得有点奇怪，一个人变得这么快总得有点特别原因吧。再遇到小勇的时候，周围正好没有别人。有一句没一句地聊了一会儿，我装作漫不经心地说，同学们都说你做了很多好事，很可能会成为下一周的"最美人物"呢！他挠了挠头，有点不好意思地说，还不是您鼓励我的。

这一次惊愕的是我了，迅速地在脑子里寻找自己什么时候表扬过他。班会？没有。晨读？没有……能够让他变化这么大的表扬，一定应该是在比较正式的场合进行的，到底是什么时候高姿态地公开表扬过他呢？从您对我竖起大拇指那个时候开始，我就觉得必须做一些好事，还没有人冲我竖过大拇指呢！他的这一句话让我知道了事情的原委。

那天是他值日，路过班里卫生区的时候看见他在认真地打扫卫生，而其他几个值日生则在一旁闲聊。说实话，那时我还不知道他的名字，只是根据卫生区来判断他是班里的学生。恰好，他一抬头与我的目光相对，我冲他竖了竖大拇指，便匆忙去了办公室。

竖一下大拇指的表扬，这也有点太"微小"了。小得没有第三个人看见，小得没有一点儿声音，小得很容易让人轻易地疏忽掉。而他却记住了，珍惜得像个宝贝。

或许，最打动人的，正是那些细微的东西；最能成就一个人的，多是那些微小之处的坚持。系鞋带，对生活来说是一件微乎其微的事情，却被重庆一个叫罗永强的商场营业员做出了精彩：他能用普通的彩色鞋带，通过编、绕、搭、系等手法，来完成各式生动的造型，从而为平淡普通的帆布鞋赋予独特、时尚的气息。据说，因为这项绝活儿，来商场买东西的人特别多，他一个人每月能为商场多带来20万元的销售额。岗位虽卑微，事情虽微小，但只要专心致志地去做，就能创造出惊人的奇迹。

而我们却习惯了教育的宏大，所以总是喜欢把教育弄得庄严而隆重。就像是那些越来越行政化的优秀评比，越来越花哨的表彰活动，除了形式上唬人以外，恐怕很少有真正的感动在里面。其实，教育工作不一定要去做什么惊天动地的大事，也不必营造那么多波澜壮阔的豪迈。一个普普通通的教师，每天需要去做的都是些普通得不能再普通，琐碎得不能再琐碎的事情。

或许，坚守住这些关乎人的灵魂和精神的"微小"，才是教育的真正力量。

让所有的努力都有目光追随

课代表把讲过的单元测试卷收上来的时候，专门交给我一份试卷。"老师你看，这份试卷，你都讲完了她还空着好几道大题，一点儿也没有做。"我接过试卷一看，竟然是小坤的，这个十分优秀的学生怎么会这样？这些题她不可能不会呀，问题出在哪儿呢？"你去把她叫到办公室里来。"吩咐完课代表又觉得不太合适，"算了吧，还是我自己去找她吧。"说完我和课代表一起来到了教室。

"能不能做个解释？"把她叫到教室外面比较僻静的一个地方，我把试卷交到她的手里。

"解释什么呀？"

"解释试卷上的空题，为什么没有订正试卷？"

"为什么订正？我会做这些题。"

"会做为什么不做？"我极力压抑着内心的愤怒，她有点让我生气了。

"我要是做了，你今天还会找我谈话吗？"她迎着我的目光，眼里竟然蓄满了泪水。

一时间，我竟不知道说什么好了。"那你是故意的？"

"一个多月了，你从来都没有提问过我，每次都把目光从我的面前移到别人那里。我感到很难过，就想引起你的注意……"此时的她已经是泪眼婆娑，声音也开始哽咽，好像很多的委屈一下子倾泻而下。

临近期末考试了，为了促进中等生、带动后进生的学习，课堂上的练习大多是针对这些同学设计的，即使有些难度较大的题目，我也习惯选择那些跳一跳才能做出来的学生来尝试，我以为这些问题对于她这样的同学应该没有问题的。

"其实我每次作业都认真做了，有时候专门不做在试卷上，就是等着你来批评我；在课堂上说话，就是想让你的目光别再从我的脸上滑过，我多想你看到我，哪怕是批评我。"

我这才想起来，这段时间她总是在课堂上无精打采，有时候还说些和课堂无关的话，还有几次作业没有完成。本以为这都是小节，不碍大事，最关键的是她是优秀生，就没怎么注意，也没有找她谈话，还一直自认为这是对她们这样的好学生的一种信任，现在看来是我太粗心了。

再优秀的演员也需要掌声的鼓励，再优秀的学生也需要老师的关注。任何时候，都应该给所有学生心灵上的陪伴，让所有的跋涉不再孤独，让所有的努力都有目光的追随。

可以让错误发生

今天中午，参加了小学部的音乐考试监考工作。

既不懂音乐，也不了解小学生的特点，却要在听每一个孩子唱完一首歌后立刻打出一个分数，这着实让我伤透了脑筋。而孩子们好像比我更紧张，在抽查到二年级的一个班级时，很多孩子闭着嘴巴就是不敢唱。耐心地做过工作后，一个小女孩终于站起来，轻轻唱起了《彝家娃娃真幸福》这首歌。"白衣白帽阿里里，银项链啰阿里里；彝家娃娃阿里里，真高兴啰阿里里……"小女孩的声音很甜，温柔而有弹性。

"老师，她唱错了！不是'高兴'是'快活'。"正当我刚刚被她愉快的情绪感染时，旁边几个不敢唱的孩子却大胆地找起她的错误来。小女孩的脸霎时红了起来，本来高昂的头低了下来。翻开音乐课本看了看，第四句歌词中确实是"快活"而不是"高兴"，如果按照评分标准唱错了歌词是要扣分的。但是孩子确实唱得很好，又是第一个带头唱歌的，如果得不到应该有的鼓励，或许就会带走她所有的"快活"和"高兴"。

"同学们说得很对，这位同学确实把歌词给改了，但是我觉得她可能是看到彝族小朋友那么快活，自己就感到很高兴，所以就唱出来了，我想给她一个满分，你们同意吗？"

"同意！"孩子们齐声说。

"那你们能不能像她一样勇敢地唱歌给老师听，让老师也高兴呀！"

"能！"六七岁的孩子，清纯得让人感动。

而那个唱歌的女孩，小脑袋又一次高高昂了起来。

所有的人都会犯错，孩子更是如此。如果有些错误对孩子没有什么伤害，那么，我们可以让错误发生。

只是喜欢

放学的铃声已经响过很久，学生大多已经离开学校，校园里慢慢安静下来。路过一个教室，四五个孩子还凑在教室后墙的黑板旁，对着黑板指指点点。

"这么晚了怎么还不回家？"为了安全起见，学校是提倡学生放学后尽快离校的。

"我们在出黑板报。"几个孩子明显是受到了打扰，发现站在身后的我后赶忙回答。

"嗯，挺漂亮，谁的杰作？"我指着黑板上画的一个卡通形象问。

"他和她。"几个孩子几乎同时指向了靠黑板最近的两个同学。

"就是画得太大，没有办法写标题了。"被指认为作者的那个男孩子有点自责地说。

说实在的，这个卡通形象画得真有点大，在黑板的正中间，顶天立地。但他们明显地舍不得擦掉自己的杰作，又无法添加整个黑板报的主题，实在有点难以取舍。

"主题也可以加在这个图的左右两边，正好把黑板分成三个板块。"我给了他们一点建议。

"对呀！老师你很高明，就这么办了。"孩子们一下子高兴起来，冲着我一个劲儿地吹捧。

有点小小的得意，看来姜还是老的辣。在他们看来天大的困难，还是被咱轻松地解决了。如果到此，或许自己会给这几个孩子留下一个好印象，至少也是一个很"高明"的老师。但是，很多事情就毁在"但是"上。

"快点回家吧，别为了加那点分耽误了回家。"但是，我还是多说了这么一句话，一句很自以为是，也很自然的话。

"切！老师，我们不是为了加分，我们只是喜欢。"几个孩子吵着对我嚷，眼神里分明有些不屑。

真的很后悔，自己怎么会冒出这么一句话。当时很多班级都在对学生进行量化管理，为班级做好事的孩子都会被加分奖励。也许在我潜意识里，孩子做了好事就应该加分，而加分也是让孩子尽力去做好一件事情的动力。这是一个纯成人的意识，而这种意识却被我们当成了一种手段，并通过教育强加在了孩子的身上。从这个角度来说，或许我错的，不仅仅是这句话，而是骨子里对教育的误解，对孩子的漠视。更或许，错的不仅仅是我自己。

不知道有多少原本孩子喜欢做的事情，因为我们额外附加的东西变成了负担：如果上课只是喜欢，如果作业只是喜欢，如果做任何事情都只是因为喜欢……

那么，还有什么事情不可以。

信任的力量

学校的鼓号队一直在分组练习，负责小鼓训练的葛校长临时有事外出，让我带领学生把刚刚学过的内容练习一下。

虽然这几天一直跟在鼓号队后面做一些服务性工作，但因为我是一个先天性音乐盲，纵然天天"丝竹乱耳"，也没有熏陶出一点儿艺术味。八个学生眼巴巴地望着我，我傻呆呆地望着乐谱，怎么办？

"同学们看着葛校长留下的乐谱，把刚刚学过的内容练习一遍。"只好走一步算一步了，让他们先练起来再说。一阵鼓声过后，学生们都静下来等着我的指点。

"你们感觉比上次练习熟练一些了吗？"实在是听不出对与错，只好问了这么一个非常不专业的问题。

"老师，我感觉有的人敲得快，有的人敲得慢，不整齐。我就敲得有点慢了，嘿嘿！"一个学生不好意思地笑了笑，又指着身边的另一个学生说，"他敲得有点快了。"

其他几个孩子也纷纷说出自己的看法：谁哪个地方敲错了，谁影响了其他人，谁还记不住谱子，谁应该怎么敲……原来，他们比我懂得多。

"我向大家坦白，我不懂音乐，更不会敲鼓，所以你们的对与错我都不知道，但是我相信大家，相信你们自己可以相互学习，把这首曲子练好。"既然自己不懂，就要学会相信学生，放手让他们自己去做，或许这是我唯一的选择。

"老师，没问题，看我们的！"八年级六班的一个女生自告奋勇做现场艺术指导，先是分组练习，然后一个一个地纠正。对一些有疑问的地方，八个学生你一言我一语，总是可以弄个水落石出。

练得不错，效果明显。这不仅是我的感觉，更是旁边训练其他项目的音乐老师最终的评价。

下午的最后一节课是数学自习，在讲了几个比较重要的问题后，我让学生自己做练习。两个英语课代表举手，我赶紧走过去。

"老师，还有十分钟就下课了，我们能不能先把英语试卷发下去？"她们小声和我商量。

"这是数学课，你们不会下课再发试卷呀！数学课上发英语试卷，不乱了套才怪来。"我想都没想就一口拒绝了。

"老师，这是最后一节课了，要是发完试卷再放学，天就黑了，我们想在天黑前回家。"两个课代表用哀求的口气说，"求求您了，老师！我们保证不让课堂纪律乱了，请您相信我们。"

"好吧，就信你们一次。"我的话音未落，两个课代表抓起桌子上的试卷就开始一张张地分发。

每到一个学生跟前，她们都会低声向学生说几句话，学生接过试卷看都不看就放在了桌洞内，还时不时地向我笑笑。直到试卷发完，没有一个学生说话，全然没有平时下发刚刚批阅过的试卷时，看见分数的刹那那种惊天动地的惊呼与混乱。

我很好奇，想知道她们对学生说了些什么，便问身边的一个同学。这个同学回答说："拿好试卷别说话，才能对得起数学老师对咱们的信任。"

原来，信任的力量是如此之大。

抱一抱自己

在走廊僻静的地方，一个女生蹲在地上，两只胳膊肘搭在膝盖上，双手交叉扶着肩膀，头深深埋在两手之间。

"身体不舒服吗?"我走近了问。八、九年级的下午大课间改成了冬季长跑，有些学生在长跑过后会有些不适。

"没有，我在抱自己呢!"她昂起头，灿烂地笑。

一时间，我竟有种久违的感动。抱自己？多温暖的感觉呀。

每个人，在出生之时就注定了要匆匆赶路。蹒跚学步，虽然踉踉跄跄，却也是一种跑的姿势。好在，身边不乏亲情和鼓励，即使磕碰，总有那么多温情的拥抱。

大了，走得就会越加匆忙而专一，总会轻易地忽略清晨的每一次日出，黄昏的每一次日落。再也没有时间为一只路边的蝴蝶而驻足，为一声雁唳而翘首。总是在夜深人静的时候才有一种冷冷的感觉，虽不刺骨，但足以让人黯然神伤。

很多时候，或许就在此时，我们总是渴望别人的安慰、鼓励和拥抱。但岁月愈长，这些成为幻想的可能就越大。

大了，就没有了那么多的怀抱容纳你的脆弱。像那个孩子那样，在累了、倦了、烦了的时候，找一个姿势，好好地抱一抱自己，然后抬头，加快脚步。

橡皮陀螺

这一天一大早，路过二年级的一个教室，一个男孩趴在地上玩着什么东西。因为现在还不是小学部学生到校的时间，初中部的学生都还没有到齐，好奇心促使我走近那个男生，想知道他为什么来得这么早。

听到有人来，他迅速地抬起头，看见我的时候，目光里有一丝恐惧，或许他已经认出来，站在他面前的，是一个经常到他们班检查的老师。

"在玩什么呢？"我蹲在他的一边，尽可能温和地问。

"没，没玩！"他显得愈发紧张，说起话来有些磕磕巴巴。

"噢！那别趴在地上了，小心着凉。"

说完转身要走的当儿，我看见他的手边一块奇怪的橡皮，原本长方形的四个角被磨成了弧形，已经接近一个圆，在最中间直直地插着一根铅笔芯。看来他刚才应该就是在玩这个东西，但我确实看不出来这是做什么用的。

"哎！这个挺好玩的，你能教教我吗？"我试探着问。

"这是橡皮陀螺，我发明的。"看见我对他的"发明"感兴趣，孩子活泼的一面一下子回来了，边说边演示起他的发明来。

"来这么早就是为了玩这个吗？"

"就玩一会儿，等老师来了就不准玩了，我们班很多同学的'陀螺'都被没收了。"

"那你们班是不是很多同学都这么制造'陀螺'呀！"

"他们的都不如我的好，他们不知道磨边，我把橡皮磨成圆的，转的时间比他们长。"这时候的他已经不仅仅是活泼，内心里已是满满的骄傲。

"是吗？那你真的很聪明，要是在桌子上玩就不会着凉了。"拍拍他的头，我离开了教室。

中午的时候，有一些低年级的学生在"七彩小屋"参加活动，我问他们会不会制造"橡皮陀螺"。最初他们都说不会，当我对今天早晨的那个学生提出表扬的时候，他们又纷纷说自己会，并从兜里掏出自己的"发明"。方的、圆的、柱形的、小动物造型的，五花八门，各有各的美丽。就连中间的"轴"用的材料都有很多种，铅笔芯、圆珠笔芯、牙签、木棒，形形色色，各有各的巧妙。问他们为什么不敢说自己会制作"橡皮陀螺"，他们的回答很统一：老师不让玩，只好私底下偷偷地进行。

我想，既然孩子们喜欢，就有喜欢的道理。我们常说要培养孩子的动手能力，发散他们的思维，这也正是我们的教育孜孜以求的，为什么还要扼杀他们自发萌生的创新小火花，为什么还要把孩子最纯真的梦想逼到课桌底下看不见的地方？

我突然有了想法，建议学校利用课外活动时间，以班为单位推荐选手，来一个"陀螺设计大赛"。

我是真的不会

午休时间，正在办公室赶写一篇约稿。几个学生聚在门口伸头探脑，嘀嘀咕咕一阵子后，推推搡搡涌了进来。

"老师，你是教数学的吗？"一个戴眼镜的女生问。

"是呀！有事吗？"我停下手中的稿子，冲还在躲躲闪闪的他们笑了笑。

"那你给我们讲一道数学题好吗？"话音没落，她已经把手里拿着的一张试卷铺在了桌面上，用手指了指最后的一道数学题。

"我？为什么不找你们数学老师去问呢？"我有些犹豫，除了手里还有稿子要写以外，还担心自己也不会做。

好几年不带数学课了，因为今年支教才又开始教数学，对教材并不熟悉。而他们是九年级的学生，问的数学题又是中考模拟练习的"压轴题"，这样的题目一般来说是有些难度的，即使是九年级的数学老师也有被"问住"的可能，更何况我只是个八年级的数学老师。

"我们数学老师回家了，我们转了好几个办公室，就你一个数学老师在学校，你就给我们讲讲吧！"后面一个瘦瘦的男孩凑过来，做了一个请的姿势，弄得其他学生都笑了起来。

无奈，只好答应下来。读了一遍题，感觉题目很简单，心里一喜，拿起笔来开始写解题步骤。但很快，我发现问题没那么简单，远比想象中要难，一下子竟然找不到思路。越着急心越乱，学生急切的目光更是让我开始发慌。

天太热，汗都下来了。

"老师，这道题很难是吗？"一个男生小声问。

"嘘！别出声，老师正在想，再难老师也能做出来。"那个戴眼镜的女生一边说，一边冲着说话的男生做了一个安静的手势。

"就是，老师还能不会做？"旁边的几个学生小声地回应着。

办公室的风扇转得太慢，汗水慢慢湿透了后背的衣服。脑子里一片空白，解题的思路一点儿也没有。天更热了。

"这道题我还真的不会做，不过我可以教你们一个办法来找答案。"擦了一把汗，我终于红着脸说出了这句话。

"老师，你别开玩笑了，你是不是已经做出来了？"戴眼镜的女生指着草稿纸上密密麻麻的字问我。

"没有，我真的不会做，看来只好通过网络来搜索答案了。来，咱们试试！"说着，我打开网页，输入了题目中的一些关键字符。

果然，网上有很多解题的网页，随便打开一个，答案详细而精确。其实所有的问题都是因为忽略了一条辅助线，只扫了一眼，我便马上明白了解决问题的关键。停电，千年不遇的停电。最关键的是，为了减轻手提电脑的重量，我的电脑里从来不装电池。学生的脑袋还没有凑过来，电脑一下子变成了黑屏。

"哎呀！怎么这么倒霉。"学生惊呼。

"没事，我已经学会了，现在讲给你们听。"我笑了笑，轻松地说。

幸好在关键的时候看到了那条辅助线，稍作思考，解题的方法就在脑子里清楚地呈现出来。用心地讲，讨论着理解，不仅让他们学会了这道题的解法，我还顺便把这种辅助线的特征、作法、使用时的基本图形做了个总结。当老师的，做题也许不行，总结归纳的能力还是有的。

"老师，你真会开玩笑，其实你早就已经做出来了，故意逗我们玩的是吧！"戴眼镜的女生说。

"你看都没看电脑上的解题过程，就给我们讲得这么清楚，肯定是早就做出来了。"瘦瘦的男生也附和着说。

"你们知道啥，老师这是在告诉我们电脑不仅可以玩游戏，还可以用来解决数学问题。是吧？"胖胖的男生肯定是个电脑迷，夸张地指着身边的同学，一副教训人的口气。

心里一动，这真是一个掩饰自己不会做题的好机会，他们已经替我想好了解决尴尬的退路，何不顺势而下？心里再一动，我是老师呀！面子重要还是真实重要？

"我是真的不会。"我转向他们，真诚地说。

这次，心里很平静。天也不太热，汗水早就挥发掉了。剩下的，都是清爽，满满的一屋。

在理性的思考中收笔

扫码听书

收笔是文章的关键，也是一篇文章的点睛之处，教育叙事的质量就是由最后收笔提升文章水平的高低来决定的。这对作者有两个要求，一是能够说出"人所欲知而不能言者"，二是达到"不循常人思路，出乎常人预料"的境界，我们的叙事结尾就应该奔着这个目标而来。

教比罚更有力量

晨读时间，小林被语文老师叫到了教室外面。

虽然听不清她们之间的谈话，但是我从她们的肢体语言上可以看出，一定是小林做了什么错事，语文老师很愤怒，而小林满不服气。

我决定等谈话结束后看看结果，再决定是否插手这件事情。

经常见到这样的场景：任课教师教育学生，班主任自告奋勇强行加入教育的过程，帮着任课教师训斥学生，其后果是使事情变得更糟——学生觉得老师在利用人多势众的优势，任课教师也会感到班主任插手不合时宜，而班主任因为不了解事情的原委，也可能做出错误的判断，让教育出现尴尬。理智的做法是静候结果，如果事情已经处理得很好，就当什么也没有发生；如果结局不是很理想，班主任也可以以一种局外人的身份引导学生，这个时候的学生比较容易接受班主任的意见。

数学课上，小林一直趴在桌子上。很明显，师生间的谈话不理想。课后，我找到小林，问明白了事情的原委。原来，晨读时老师让学生拿出语文课本，而小林却使劲摔课本拍打课桌上的浮尘，老师以为她是故意闹情绪。再加上有几次在语文课上，小林未经老师同意就随便出入教室，更让语文老师感到小林对她不尊重。

一直以来我就在观察小林，她热情、聪明，有工作能力，小学时是学校大队委成员，和以前的老师相处得不错。现在担任卫生委员，对工作认真负责，班级的卫生成绩从未落后，应该说她有很大的功劳。但是，她也有一些小毛病：爱耍小脾气，与老师和同学的沟通不到位。长期的学生干部身份和小学时老师的宠爱，让她往往觉得自己是班干部，不分场合地随意出入教室是正常的。不向老师打招呼就随便出入，这也是很多班干部存在的问题。

了解到这些以后，我告诉小林："也许是老师误解了你，但是如果你用抹布擦浮尘，就既不会让教室里尘土飞扬，也不会让老师产生误会，要不明天你试试？"

第二天，我像往常一样做好开窗通风和卫生检查以后，就站在教室门口等学生到校，小林来得特别早，进入教室后轻轻擦好课桌，就打开语文课本开始读书，很认真，很专注，满眼里都是努力。

有时候，你只需教会学生如何去做，而不必非要揪出错误的根源，更不必对学生不经意犯下的错误上纲上线。教比罚更有力量。

校长为何要留下一片荒地

曾经应邀到一所学校参加他们的教师成长论坛，一所县城的重点中学，建设得很豪华，很现代。

活动结束后，一位学校领导陪我参观了校园：塑胶操场、气派的楼房以及精心设计的人造景观，道路两旁的花草树木更是修整得一丝不苟，随处可见精雕细琢的盆景和造型各异的奇花异草。一路走过，这位领导问我有什么感觉，我未置可否，因为我实在感觉不出这种华丽与其他的学校有什么异同。见我疑惑的样子，他神秘地说："我带你看看我们学校最美的地方。"

几分钟以后，我们来到学校的西南角。放眼望去，一大片土地荒凉而辽阔，毫无修饰，未加耕耘；遍地的野花、枯草展示着一种自然和随意；稀稀落落的树木没有规则地恣意生长着一种放荡不羁的野性。就在那一刻，我有种被震撼、被感染的冲动，在遍阅人造繁华以后，突兀而出的荒芜竟给人最强大的震撼。

我们相视而笑。"我觉得这是你最喜欢的地方。"他像老朋友似的对我说。是的，不可否认，在内心里，我一直感觉缺少些什么。天天穿梭在浮躁繁杂的人群之间，满眼尽是熙熙攘攘、吵吵闹闹世俗之气，内心里还真是需要一种这样的荒凉，让人感受到真实的荒凉。"这是我们校长特意留下的，在这个寸土寸金的城市地段，荒着这么大一片土地，学校实在是承受着很大的压力，但是我们校长坚持要留下来，至少我们要给孩子留下一点儿自然和真实。"他继续说着，像是对我说，更像是自言自语。

是呀，我们往往习惯了修饰而忽略了自然之美。其实，生活就像一篇文章一样：拙劣的文章往往是华丽词语的堆砌；稍好一点儿的文章，往往是光芒耀眼，华贵夺人，让人们深深感受到作者的功底和造诣；而最好的文章，应该是自然的、毫无修饰的，读起来感觉不到语法和修辞，不像是读书，而是在和生活对话。

这样的一块地，荒着也是一种美丽，是一种寂静之美。

让成长慢慢地发生

偶遇原来的同事。

一个很有上进心，颇受领导欣赏，顶得起学校半边天的支柱型教师。在我的印象中，他身上大大小小的荣誉堆起来足以把大半个人埋没。按照现在比较时髦的说法，他算得上是教师专业成长的典范。至少，我是这么认为的。

"从开学到现在的这两个多月，我是一天也没闲着，可是课却落下了不少，我都不知道自己是干什么的了。"一见面，他便大倒苦水。

"没闲着，又没上课，那你做什么了？"我很好奇，当老师是累，但是都累在课堂上。既然做了那么多工作，课怎么还会落下呢？

"唉！别提了。我给你数一下我做的事：在区里做了一次典型发言，参加了一次讲课比赛，还有一次基本功比赛，立项了一个科研课题。就这些事，把我弄得晕头转向，课都上不安稳，更别提什么上课的质量了。"说这些的时候，他一副不堪回首的样子。

也是，当老师的都明白他做的这几件事需要付出的精力。一次典型发言，单是发言稿从起草、成稿，到学校领导把关、教体局领导审查，一套程序下来，至少也得修改个几十遍，这样算下来差不多需要半个月的时间。至于讲课比赛，那更是劳心费力的活儿，从抽课题开始到备课，再到请人帮忙修改润色，直至无休止地试讲，这其中的酸苦恐怕只有当事人知道。更何况现在讲课比赛预留的准备时间越来越长，请人帮的忙也越来越细，从课的整体结构到细节打磨，多是群策群力的结果，教师讲完一节课，除了疲惫还会背上一大堆感情债。至于科研课题，忙活的就是立项和结题这一头一尾，编出洋洋洒洒几千字的开题报告，没有一两周的黑白加班是做不到的。

"忙过这一阵子就行了，这只是巧合，这么多事凑到了一起。"这样一算，这半个学期他还真的是很难有静下来的时间，便安慰他说。

"你不知道，这样的生活就是我的工作常态。只要上级有需要代表学校形象的活动，领导就会安排我去参加，哪个学期都少不了十次八次大型的活动，而每次活动都要折腾个十天半个月不得安生。光这些事都应付不过来，哪还有时间研究教学、反思自己呀！"此时，他是一脸的疲惫。

鞭打快牛。现在的学校在用人上确实存在这样的问题。比如说有了发言任务，领导掂量来掂量去，最后还会安排给感觉能拿得出手的几个人；比如说上级领导来教学视导，需要听几节课，因为要代表学校、代表一个区域的教学水平，谁也不敢用新人去做尝试，翻来覆去就是那么几个人参加……

于是乎，几个"能干"的人便成了学校的招牌，既挡风又遮雨，忙得连喘气的工夫都没有，更没有心情去搞教学研究了。而绝大多数的老师，则成了表演的背景，找不到一点儿展示自己的机会，也就没有了成长的心情。本以为，像他们这样的老师获得了更多的机会，会距离成长更近些。现在看来，这种言不由衷的热闹表演，实在不是教师发展所需要的。应该说，教育是一种朴实宁静的职业，需要沉得下心去做；教师的成长是一种自然的成长，需要安宁恬静的空间。

少给教育一些纷扰，多一些自然的沉静，让成长慢慢地发生，让教师悠然地行走。这，或许就是我们最渴望的。

等待花开

昨天晚上，到阳台上去取晾晒的衣服，转身回头的瞬间，眼睛的余光瞥到了阳台一角浮起的一抹淡淡的鹅黄色。"不会吧，不会是它开花了吧！"我抑制着一份渴望跑过去，拨开密密匝匝围绕着的花花草草，从旮旯里捧出了一盆君子兰。果然是它，我的那盆已经好久没有被人正视过的君子兰开花了，虽然只是绽开了一两个花朵，更多的还是等待开放的花骨朵，但毕竟是开花了，在我并不知道的某个夜晚或是白天，它不声不响地开花了。

还是在六年前，我到集市上卖花的那条街上闲逛，遇到了一个卖君子兰的老人，因为是下午，他的花已经卖得差不多了，只剩下这棵花盆被打碎的君子兰，放在一个兜着维持它生长的土的破塑料袋子里。"就是花盆坏了，没伤着根呢，回去换个盆，保管你一年后见到花。"卖花的老人见我一直在看那棵花，不失时机地插话说，"这可是名花嘞，便宜卖给你，五元钱怎么样？"不知道是出于对君子兰的喜好，还是那比较低廉的价格吸引了我，这盆花就被我买回家了。我讨了便宜般地向妻子宣传这花的未来，得了宝贝似的用最好的花盆供养着，有点炫耀地把它摆在客厅里最显眼的地方。

在随之而来的等待中，君子兰好像停止了生长，就那么一直保持着买来时的那点绿意，既无声响也不张扬，只是在很长的时间里慢慢长出一点叶子，用来证明它生命的存在。慢慢地，等待变成了失望，它的位置也被一些娇艳的花儿代替，它被我搬到了阳台上。

两年前，我从乡镇搬到了市里，到阳台上搬花的时候才发现，它不知什么时候长歪了，原来还能引以为豪的整齐与对称的叶子，散漫地歪在了一边，成了一个不折不扣的罗锅。"扔了吧，不开花还长成了这样。"妻子商量的口气里明显地倾向于扔掉。"还是留着吧，反正不要吃也不要喝的。"搬到市里以后，阳台变小了，加上几个朋友送的那些名贵的花需要好位置，只好把这盆君子兰挤在了最偏的角落里，只是在给其他花浇水的时候，捎带着给它洒上一点儿水，在很多时候，它已经被我忘记了。

没有想到今天它开花了，在六年后的今天，在别人已经对它开始淡漠的时候，在它自己不屈不挠的努力中娇艳地绽放了。我不知道，它在这六年里要承受多少痛苦的折磨，多少凄风冷雨的寂寞，更不知道在希望变得越来越遥远，理想渺茫得不能再渺茫的时候，它用怎样的坚忍支撑了自己的坚强，在艰难的承受中完成了今天的绽放。

我很幸运，没有在六年中的某一天信手把它丢弃。我也在反思，自己在教育生涯中有没有丢弃过那些晚开的花？那些曾经被我们定义为差生，被我们无奈地放弃的孩子，都是一朵朵晚开的花，他们需要我们为师者精心地呵护，更需要我们耐心地等待，等待他们在某一个时间娇艳地绽放。

别把孩子逼向墙角

学生上网，家长生气了。

家长一大早就把孩子从教室里拽出来。"你是让我寒心了，你是没治了，我让你气死了，走！回家别上了，我看你这辈子也考不上学。"母亲的愤怒传遍了整个教学楼。"不上就不上，你把我败坏尽了，我就是上网，就是不上学，我就是孬种，我就不是一个好人，反正你从来也没有把我看成好人。"学生显然是被激怒了，挣脱了母亲的手，狂叫着向大门口跑去。

惊愕中回过神来，我马上让门口值班的老师把学生拦住了。学生的嘴大张着，喘着粗气仍挣扎着想往外走，两眼发红，像是一只狂躁的狮子。"看着我，我和你谈谈。"我的平静让孩子慢慢放弃了挣扎，跟着我到了办公室，他的母亲也随后就到了。分别让母子两个坐下后，我开始了解情况。

原来，这个学生在昨天下午放学回家的路上和同学一起去网吧了，村子里的人看见了就告诉了她的母亲。母亲很生气地把孩子"抓"回家，当然少不了一顿臭骂，并让孩子写下了保证书。今天早晨学生来上学时，母亲不放心，悄悄跟在了儿子的后面，老远就看见儿子拐进了网吧，到里面搜了半天却没有发现孩子，于是就到了学校，把坐在教室里的儿子拽了出来。

这个学生平时在学校里表现还不错，能写能画，还负责我们班的黑板报。虽然成绩平平，但是遵守纪律，没有发现有上网的问题。从学生委屈而愤怒的眼神里，我感觉这里面一定有问题，是不是孩子被冤枉了？

于是我就问学生："你昨天去网吧了吗？""去了。"学生回答得干脆而坚定。"老师，你听听他就是这么让人伤心，上网吧了还理直气壮，真是不知道丢人。你算是完了，我和你爹算是白养活你了。"我用手势让家长停了下来，接着问学生："那你去做什么了？""打游戏，还能干什么！"母亲又插了一句。"没有，就是没有，我去查资料了，昨天出黑板报没有内容，团支书让我去查资料，不信你去问问团支书。"说完，学生的眼泪就流了下来，并呜呜地哭了起来。"那你昨天怎么不跟你妈妈说明白？""她不让我说呀，我一说她就说我是狡辩，说我就这德行，跟某某一样是个不长进的料。我一想反正她不相信我，说了也没有用，就不屑说了。""那你今天早晨又上网吧了吗？""没有，我一直就在学校。""我明明看见你进去了，还狡辩！""没有，就是没有，我不屑和你讲！"说完以后，无论我们再说什么，学生一句话也不说，就是那么冷冷地看着母亲。

我知道，学生一定是被冤枉了，于是就说："昨天是为了班级到网吧查资料，老师感谢你，我相信你今天没有去网吧。我绝对相信你，你不说肯定有自己的理由，什么时候想说了再告诉我。"最终我也没有弄明白为什么家长看见进去了，学生却没有在里面被发现。但是我相信学生，相信我的感觉。

这是四年前发生在我们班里的一件事。今天我接到了一个电话，是那个学生打来的。他现在已经是山东师范大学的学生了，聊到最后，我想起这件事来，就问他那天早晨到底是怎么回事。"其实，我早就发现妈妈在跟踪我了，觉得自己被别人怀疑很不舒服，就故意拐进了网吧门旁的小胡同，从小胡同绕到了学校。没有想到妈妈会当着全班同学那样，要是当时老师您再不相信我，也许我现在真的就是一个放荡不羁的败家子了。当时我就想让自己放荡起来，是您的信任让我找回了自己。"我告诉他："那是你母亲对你的一种爱。""我知道，但是她的爱差点把我逼向了墙角。"

是呀，无论什么时候，无论再深的爱，都不要把孩子逼向墙角。父母都是爱孩子的，也正是因为爱，我们往往忽略了教育的艺术。真正的教育是没有痕迹的，教育的意图越隐蔽就越容易让孩子接受。

让你的愤怒延迟半分钟，让你的批评转一个弯，让你的爱留一个缺口，让我们的孩子永远不被逼向墙角。这就是我们教师和家长应该永远记住的。

教育不该为"目标"所苦

他向我走来，一脸的笑。每次回老家，透过车窗都会看见他同样的笑，我却从没有停下来跟他打过招呼。在我看来，他应该不会记得我了。因为，村子里的人都说这个人傻了，除了笑啥也不会。

我也就信了。一个傻子，自然是不能记得曾经的事情。我也就开始心安理得，从他的身边飞驰而过的时候，最多只会告诉车上的人——这人，曾经是我的小学同学。

就这样，我们每年都会见几次面，却从没有说过话。确切地说，是我看见他，他从来没有见到过坐在车里的我。

这一次不同，此时的我正呆坐在街边的大石头上，为大哥的突然离世而唏嘘。他就这样向着我走来，虽然我不敢确定，他到底是不是为了我而来。

"王维审，你坐在这儿干什么？"他已经站在了我的面前，还是那样的笑。

"闲坐一会儿。你还记得我？"意料之外，他突然喊出了我的名字。

"咱不是同学吗？我是班长，你是副班长。"他已经拉起了我的手，还是那样的笑。

我开始怀疑村里人的传言。说话这么条理，记忆这么清晰的人怎么会是傻子？

"你现在做什么工作？"确信他并不傻之后，我试着与他进行最常规的聊天。

"我一直在家里复习功课，准备考大学。现在我已经复习到小学五年级的内容了，明年就能参加高考了。"他从兜里翻出一本日记本递给我后继续说，"你看这是我的作业。"

一种另外的痛从我心底涌出来，那是与大哥的去世完全不同的感觉。我的这个同学，他真的是傻了，傻得令人痛心。后面的对话完全是一种答非所问，沉重而又透着很多可笑的东西。

不一会儿的工夫，他的父亲，一个六十多岁的老人来叫他回家。聊了几句，关于他的过去和现在。他的父亲只是叹气，一遍遍地重复说自己害了孩子。

他叫岭，是我的小学同学，上学的时候一直是我的"竞争"对手：选班干部，他是班长，我是副班长；老师表扬学习好的，他是第一个，我是第二个；在校园的大水汪里捉青蛙，他捉三个，我最多捉两个……最关键的是他有一个在城里当工人的爹，我没有，我们班其他同学都没有。也正因为如此，在四年级升五年级的那个暑假，他的父亲把他带到城里上学。我们都很羡慕，但是也只能是羡慕，我们是去不了的。所以在他走后的很长时间里，我们全班同学都郁闷了很长一段时间，有几个人还回家埋怨自己的爹没有在城里工作，那几个人里就有我。

过了几年，当我们的羡慕已经变得很淡的时候，村里传言城里的岭成了傻子。又过了几年，当我开始离开村子上学工作的时候，他随父母迁回了村子，村里人都说他是真的傻了。今天，我也确信他真的是傻了。从他父亲的叙述中我大概知道了事情的经过：岭到了城里以后，遇到了一个教学很认真的老师，特别是对分数几乎到了渴求的地步。在村子里成绩数一数二的岭，在城里的班级里就沦为了中等偏下的水平，这位老师自然也就对新来的"累赘"怀了一种恨铁不成钢的怨愤。在一次激烈的训斥之后，长期压抑的岭成了傻子，精神失常，但依旧保持了学习的习惯——每天在家看小学课本，做小学作业。我不禁感慨教育的力量，在他已经消失殆尽的意识里，考大学的目标却被强化得如此清晰明了。

除了小学生活，岭对其他的事情选择性地遗忘了。在他的记忆里，唯独留下了学习，还有我这个一直存在于其内心的竞争对手。在那么多同学中他唯独记住了我，不知道这是我的不幸还是岭的不幸；那么多丰富的人生，岭唯独记住了学习和高考，我不知道这是教育的悲剧还是岭的悲剧。但我知道，教育一旦太过于斤斤计较于分数，教育就不再是教育，充其量算得上是一种筛选人的工具，学生被筛选，教师被筛选。而在这个过程中，扭曲、疼痛甚至是伤害也就在所难免。

其实，教育真的不能太为"目标"所苦，让教育里多一些生活的气息和人间烟火的味道，也许才是教育的真义。

追逐真正的教育

朋友的孩子要转学，打电话问我哪所学校最好。

"你说的'最好'是什么意思？"我笑着问他。

"切！最好就是考上一中的学生多，就是能提高考试分数的学校呀！你连这个都不懂？"他似乎感到我这个老师有点不可理喻，语气里明显带着稍稍的不屑。

你看，那么复杂的教育一下子就变得如此简单，优秀的学校就是优质的教学质量，优质的教学质量就是极高的升学率，升学率拼的自然就是考试分数。

如此推论下来，教育就是获取分数。

很多事情，一旦以最简单的方式进行衡量，那么解读的过程也就变得简单而直接。比如教育，本是一个十分复杂的系统工程，但是因为有了分数作为评价的标准，教育的过程也就变得简单起来。专业智慧和专业能力一下子变得不再重要，倒是教师的体力变得重要起来，因为拼时间、拼题海、拼压制都是需要强健的体魄和充沛的精力的。

于是，就有了以分数来划分的差生与优生，有了以教学成绩论定的孬老师与好老师，有了以升学率为标准的优质学校和薄弱学校。教学质量，确切地说，教学成绩成了学校的唯一追求。

一位做老师的朋友打来电话，聊了半个多小时，话题就是一个：自己不是不懂教育，不是不知道尊重学生的成长，但学校领导"压迫"得太紧，没办法只好去"压迫"学生。

其实，无论是家长还是老师，都知道学生的成长绝不仅仅是分数的增加，教育的目的也不只是教会孩子获得分数。但现实是，分数已经决定了教育的一切，相对于分数对孩子的快速、高效影响，身体的健康、心理的阳光、品质的优秀总是显得那么微不足道。

其实，我一直在想，一个孩子考了 59 分和 69 分会有什么差别？这 10 分的差距又对谁最有作用？如果说，这 10 分的提高是靠拼命地挤压和胁迫换来的；如果说，因为这 10 分让孩子失去了快乐的童年、沸腾的青春，那么这样的分数又有什么价值？

做教师的最初几年，我对分数的追逐可以说是到了痴迷的地步。再愚笨的孩子，我也会千方百计地让他提高成绩，哪怕只是一两分。也正因此，我很快收获了领导的认可、家长的赞誉和突出的教学成绩，但从没有认真去考虑过，这些成绩的提高到底有多大的价值，更没想过要责问自己一句：这些成绩是怎么提高的？

人人只是关注成绩，家长是，老师是，领导是。其实若是把这 10 分放到孩子的一生里去考量，对孩子来说，真的没有任何的价值，生命不会因此而有多大的改观。或许，这 10 分对教师来说是有用的，因为班级平均分的零点几分之差或许就影响到教师成绩的排名；对学校是有用的，无数个学生的 10 分或许就决定了学校的声誉，决定了学校的吸引力。但却没有人去关注，因为这 10 分的倾轧，有多少孩子的心灵被压弯、变形，甚至有了不该有的悲剧。

直到有一天，回望曾经的教育，与一个个曾经的学生相遇，我才豁然发现：原来，教育并非只是获取分数那样简单。一个封闭心灵的重新开启，一段生命历程的悄然引领，一次方向迷失的伸手相助……这些其实都是教育，都是比获取分数更为重要的教育。

忽然，我有了一个在非常狭小天地里的愿望——追逐真正的教育，以自己的方式考量自己的教育生活。我深知，选择一个不随波逐流的存在形式，在某些时候和某些方面，也许会付出沉重的代价，甚至会面临灾难性的遭遇。但我倔强地认为，我们曾经把太多的努力交给了分数，是时候要释放一段心灵给成长了。

因为，总有那么多人，太过于关注教育的当下，而丢失了教育的灵魂。

在细节上开始教育

昨天，吴在 QQ 上留言："老师，咱们班的同学又想你了，有几个同学想得都哭了。"

今天，几个学生给我打电话，聊来聊去还是怀念以前的日子。

问他们最想念的是什么？都是些芝麻大小的事情：哪天老师摸了一下谁的脑袋，哪天老师夸了谁几句，哪天谁犯了个错误老师竟然没有一追到底，哪天谁迟到了老师竟然没有批评，哪天老师装了点小糊涂……这些，在当时只是生活的真实，谁都不会想到其中的价值。但时过境迁，当一切变得有些远的时候，这些细微的事情往往会变成记忆的一种背景，里面那些触动人心的东西，就会生动起来。

在学生看来，值得记忆并留恋的，并不是老师教给他们的知识，而是那些微不足道，却又蛰伏于心底的那份小小的过往。对于教师来说，这种感觉依然如此。

前些日子，我到苏州做了一个讲座，就讲座的内容与毛校长协商时，毛校长一再要求讲得低一些，接地气一些。手里有几个比较成型的讲座，最近一段时间出去讲的也大都稍微"高"一些，所以稍有些犹豫。但因为毛校长的坚持，我最终与老师们交流了"教育写作与教师成长"方面的问题。后来才知道，参加这次活动的不仅有其他学校的老师和领导，还有相城区教科室的曹主任。所以，讲完后有些忐忑，不知道这种走"低"的路子能不能被领导和老师们接受。

今天，在毛校长的推荐下，我浏览了一些老师写的感受。一百多位老师在一个相关帖子中提到了这次讲座，从中可以看出来，老师们最喜欢的，恰是那些细微的、朴素的教育细节。

做好教育，从上到下的人都在努力寻找一个出口。大变革、大创新、大理念，一切大的东西都在教育中被滥用；摈弃、砸碎、推倒，一些看似颇具勇气的莽撞在教育中一度盛行。

教育，一度跌到跃进的边缘。一阵轰轰烈烈的热闹之后，才发现残留在骨子里的冷清。纯技术性的技能提高，工业化的疲于奔命，除了可以在分数上获得短暂的满足以外，对于人性的生长，似乎毫无益处。

其实，对于教育来说，真正需要的也许并不是彻头彻尾的颠覆。在某种程度上来说，我们能做的只是修复和改善，是对教育细微之处的关注。对于教师来说，即使拥有的只不过是一间小小的教室，我们也可以用某种方式，在细节上成为一个参与者和改变者。倘如此，我们才可能在细节上开始教育。

教育不能苛求

这几天，邮箱里多了很多老师的信，多是讲了一些教育中的困惑。而这些困惑之中，最常见的是一些特殊学生的教育问题。一位老师说，王老师，我们班有一个学生学习很努力，也遵守纪律，但就是成绩提高不上去。给他吃过小灶，加班辅导过他无数次，还让他的父母在周末替他报了辅导班，但是都没有什么效果。你说我得用什么办法才能把他的成绩提高上去？

我说，为什么一定要把成绩提高上去？为什么一定可以把成绩提高上去？他已经很努力了，又没有违反纪律，并无妨碍别人的行为，只是没有达到我们为他划定的那个成绩目标而已。细想一下，我们一直很努力要实现的目标，其实只是千方百计地把孩子变成我们希望的那样而已。但是这么做，我们很可能就忘了顾及孩子之间的差异，自以为是地为他们划定一个相同的目标，还自以为是地认为他们一定可以达到，并坚定地努力，让他们必须达到。所以，就有了那么多以分数来划定的"差生"。而我们丝毫没有想到，这对他们来说是不公平的。或许，他们没有获得分数的超能力，但并不意味着他们没有良好的道德素质、较好的艺术潜能，以及所有能够让人诗意存在的成长要素。

其实，教育并没有再造的功能，既不能让学生平白无故地滋生智慧，也不能把固有的短板拉得很长。

有一次，与一个同事闲聊，提及以前我做班主任时处理的一次师生冲突。当时，我班的一个学生与一位老师在升旗仪式上发生了激烈的冲突，并有了肢体上的摩擦。她说，那时候我们都在"看"你怎么对待这个学生，本以为你会雷霆大怒，呵斥那个学生，但是我们看到的，却是你与学生冷静地交流，还有耐心地劝慰。她很好奇，问我为什么能够那么坦然地面对这样的恶性事件。我说，因为我明白教育的作用，在那个时候，无论我使用什么样的教育手段都不可能一下子改变这个学生，即使是大声地斥责、恐吓也不行，我唯一的选择就是慢慢来，发现教育点，再一步步地走下去。

细想一下，教育里的很多困惑与痛苦无不是因为"教者"的愿望与学生的实际相差甚远而产生。我们渴望班里的每一个孩子都能考高分，而事实上总会有人拖了后腿；我们渴望每一个男生都彬彬有礼，每一个女生都娴静优雅，但事实上总会有顽劣的小子、执拗的姑娘……理想与现实距离这么远，我们却又不得不承担自己的、家长的、学校的越来越重的压力，这个时候如果我们不能够清醒地看待教育，那么粗暴、冲突甚至悲剧就在所难免。

很多人会认为，没有教不了的孩子；很多人会以为，每一个孩子的未来都会朝着我们的指向发展。其实，我们错了，教育没有那么多的义务，教育也没有那么大的作用。教育无非就是一个发现的过程，发现每一个孩子的特质，让美好的更加美好；发现每一个孩子的弱点，并尽可能地让孩子意识到自己的不足。

无论什么时候，都必须懂得，教育的作用没有那么大。对教育来说，可以努力，但绝不能苛求。这是一个健康的社会对教育应有的宽容。

让故事参与故事

扫码听书

叙事本身就是在讲故事，但是有的时候如果在故事中加入故事，会取得令人意想不到的效果。学会巧妙地在自己的故事中插入经典的小故事，这是写作的艺术，也是一个学习积淀的过程，因为这些小故事应该来自你平时的阅读和积累。这或许就是写作对读书的推动价值和意义。

人生不需要备份

小寒告诉我，他的文管专业考试失败了。

小寒是我以前的学生，现在读高三。高二时，他的学习成绩中等偏上，正是介于"考得上"与"考不上"之间的那种水平。他的父母为了让他多一条成功的道路，让他参加了文管专业的培训。

为成功多一个备份，这是很多学生选择文管专业培训的目的。在他们看来，自己在不放弃普文学习的同时，再拿一点儿时间兼修文管专业，高考的时候就会比别人多出一份成功的可能。

　　小寒就是带着这样的想法开始了文管专业的培训。周末和假期，他的所有时间都花费在各类培训班中，林林总总也有了不少经济上的付出。前几个月，就开始往返于各个大学，不断地参加不同学校的文管专业测试。最终，却没有通过任何一所学校的专业考试。

　　"我对文管专业抱的希望太大了，这个结果我无法接受，我不想参加高考了。"小寒垂头丧气地说。

　　"原本你不就是把文管专业作为一个备份的吗？现在你只是失去了一个备份，你还可以参加普文的考试呀！"我想让他知道，自己应该还有机会。

　　"可是我为了文管付出了那么多，在我的心中它已经不是备份，而是我成功的依靠了。"小寒表现出来的，是一种被彻底击垮的疲惫和无奈。

　　我觉得，自己应该给小寒讲一讲希腊哲学家芝诺的经历：年轻时的芝诺同时做着两件不同的事情，一是在雅典的市场里讲授他的哲学，二是经营着一艘货船。因为货船的收入使他衣食无忧，他就更像是一个商人，而哲学对于他而言倒有点玩票的性质。有一天，芝诺的货船在暴风雨中沉没了。当不幸的消息传来时，芝诺竟松了一口气说："命运之神呀，真是谢谢您！托您的福，今后我只能以哲学为职业，也只能靠此维生，别无他法。"只剩哲学一途的芝诺，后来成了著名的斯多葛学派的创始人。

　　"像芝诺一样，只是丢掉了一艘货船而已，你应该感谢这个结果，让你可以专心致志地准备普文的考试。因为普文的路可能更宽一些，成功的可能性也会更大。从现在开始，普文就是你成功的唯一可能，你必须全力以赴。"讲完了芝诺的故事，我接着对小寒说。

"嗯，老师我懂了。没有了备份，我可以走得更专一、更迅速，我会努力的。"小寒的脸上第一次露出了自信的微笑。

很多人喜欢为自己留一条后路，准备尽可能多的出路，却不料这些备份有时也可能成为人生的牵绊。因为需要选择，你必须耗费过多的精力；因为可以选择，你可能在不知不觉中开始懈怠。人生，可能就会在这样的选择与不决中，慢慢失去前进的动力，而沦为平凡和普通。

备份人生，或许可以多一些平淡的从容，但也可能会迷失于浅尝辄止的怪圈。其实，人生不需要备份，纵然天地宽广，万物繁多，唯有盯住那片属于自己的绿荫，专心致志，神情专一，生命才有可能超越并卓越。

没有缺憾，本身就是一种缺憾

受一家报社的委托，为某地一位名师写一篇个人成长方面的稿件。

摆在面前的一大堆荣誉证书，足以证明他是一个竞技型的名师，课讲得好，成绩也好。但是我相信，一个优秀的教师除此以外，一定还有很多值得关注的地方。于是我们谈到了他的教育生活，希望在他的渐次成长中寻找一些打动人的东西。

他很健谈，属于那种无需提问就能自问自答的类型，他讲了很多成功的教育案例，还有他的付出，他的教育理念。在这一系列的描述中，一个完美无瑕的优秀教师形象，在我的面前熠熠闪光。可我觉得像是悬于半空的一幅美妙的图画，美好，却无法被打动。

"在您十几年的教育生活中，有没有过失误、失败或者是遗憾？"我小心翼翼地问，试图找到他在失败中的思考以及收获。

"没有，从我踏进教师队伍的第一天起，我就时时以一位优秀教师的标准严格要求自己，我的教育是完美的，没有缺憾的。"他的回答没有丝毫的犹豫，脸上淡淡的微笑，恰到好处。

我一时无语。

李镇西老师在他的著作《追随苏霍姆林斯基》一书中，多次提及自己的教育失误：年轻气盛的他出手打过学生，曾经把一个初三女生的检讨以大字报的形式公开张贴在学校里，也曾经留学生补作业，一直到天黑……这并没有影响李老师在当今教育界的盛誉，相反的，倒是让我们记住了一个鲜活的、不断反思的大师形象，让我们体味到了一个大师真实的成长历程。

听一些名师的报告，很多人喜欢把自己渲染成一个超越人性的"悲剧"形象，比如无怨无悔地付出，放弃了亲情的坚强，不食人间烟火地孤独拼搏；也有的人喜欢把自己包装得绚烂无比，尽情绽放那些灼目的荣耀，而刻意隐藏生命中曾经的失败。说到底，还是不敢面对真实的自己，特别是缺憾。

记得有一个小故事：有一个人幸运地获得了一颗美丽的珍珠，只是在那颗珍珠上有一个小小的斑点，让他觉得很遗憾。他想若是能将小小的斑点剔除该有多好。于是，他就狠心削去珍珠的表层，可是斑点还在，他又削去第二层，原以为这下可以把斑点去掉，殊不知它仍然存在。他不断地削掉了一层又一层，直到最后，那个斑点没有了，而珍珠也不复存在了。那个人心痛不已，无比懊悔：若当时不千方百计消除那个斑点，现在手里还攥着一颗美丽的珍珠呢。

缺憾与生命同在，瑕疵与美丽共存。真实地面对自己的内心，珍视自己的失误，珍惜那些刻骨铭心的缺憾，这不仅是教育的需要，更是生命的必需。正如苹果 logo 上那个被咬了一口的苹果一样，或许只有不完美，才能促使人不断地去追求完美。

其实，荣誉与尊重不一定会如影随形。至高的荣誉可以赢得仰望，但是未必能够赢得尊重，因为人们更愿意相信真实。在我的意识里，完美永远只是人生追求的一个方向，在这个世上根本就不存在完美的教育。教育是一个充满遗憾的艺术，她的魅力就源于教育者不断地反思，不断地提升，不断地追求的过程。

从这个角度来说，没有缺憾的教育，本身就是一种缺憾。

必须有一样是出色的

班级里有几个不愿意学习的学生，为了了解他们家庭教育的情况，我决定约见其中几个学生的家长。

第一位家长在谈及自己的孩子时，表情很是漠然。"不愿意管他，反正是学不好了，愿怎么样就怎么样吧！现在我是一看见他就烦，混几年毕了业，愿干什么就干什么，自己的罪自己受，我也没有办法。"

第二个家长一提起自己的孩子就流下了眼泪："孩子身体不好，这个病会让他一辈子也不能干重活儿，所以我们两口子只好拼命赚钱，给他攒点积蓄，要不他以后该怎么办呀！""那为什么不多关心他现在的成长呢？他更需要为以后的生活积攒力量呀！"我不由插了一句话。"唉，没有时间呀，白天忙着赚钱，晚上实在是没精力管他了，再说就他那样，也只能靠我们养活了。"说完，还是一脸的无奈。

后面的家长大多与第一位一样，是因为觉得自己的孩子已经不值得教育而选择了对孩子放任自流。

我想起了德国一个名为"卧倒"的短片，其内容是：在一个火车站，一个扳道工正走向自己的岗位，去为一列徐徐而来的火车扳动道岔。而在铁轨的另一头，还有一列火车从相反的方向驶来，他必须及时扳动道岔，以免两列火车相撞！这时，他无意中回头一看，发现自己的儿子正在铁轨一端玩耍，而那列开始进站的火车就行驶在这条铁轨上，扳道工脸上闪过一瞬的迟疑，他威严地朝儿子喊了声："卧倒！"同时冲过去扳动了道岔。一眨眼的工夫，这列火车进入既定轨道，而那一列火车也呼啸而过。车上的旅客丝毫不知他们的生命曾经千钧一发，他们也丝毫不知一个小生命卧倒在铁轨边上。列车呼啸而过，孩子毫发未伤。这一幕刚好被一个从此地经过的记者摄入镜头。据说，德国人在这十秒钟的短片播出后足足肃静了十分钟！这十分钟的静穆是因为故事背后的故事。原来，这个扳道工的儿子是一个弱智儿童，听不懂父亲的话，但父亲依然一遍一遍地告诉儿子说："你长大后能干的工作太少了，你必须有一样是出色的。"并把工作以外的所有时间都用在了陪伴孩子玩游戏上，那个关键时刻标准的"卧倒"，就是他在跟父亲玩打仗游戏时，唯一听懂，并做得最出色的动作。

我是在想，如果这个扳道工放弃了对孩子的教育，没有掌握那个对于正常人来说极其简单，但又不一定会做得出色的"卧倒"，那么事情的结局会是什么样子？扳道工或许会为了儿子放弃搬动道岔，也许会为了那一火车的人放弃儿子，但不管怎么样，都会导致生命的消失——自己的或者是他人的。

很多家长觉得自己是爱孩子的，当看到孩子有着这样或者那样的缺陷时，往往不是培养孩子一样出色的生存能力，而是采取不负责任的放弃或者是还债式的经济补偿的方式，希望通过拼命地赚钱，为孩子在脖子上套一个面饼，并祈求这个面饼能够保证孩子的生命存在。这种在民间故事里被时时取笑的做法，却在现实的家庭教育里一遍遍地重复上演。其实这个扳道工最伟大的地方是对孩子深深的爱，正是因为爱着他的孩子，看到孩子的现状，想到了孩子将来的生存，才会一遍一遍教孩子生存的本领，直到孩子学会，然后到了关键时候用上！

我们每一位家长必须记住的就是，家庭教育与钱无关，但是你的孩子必须有一样是出色的！

还像不像老师

当老师久了，身上老师的味道却淡了。

第一次在这个班级上课，有几个学生，在铃声响过以后，习惯性地起立又坐下，半弓着腰做迷茫状。我知道，他们是习惯了一个上课必有的程序，那个重复了无数次的"起立"礼；我还知道，他们还在迷惑，这个老师怎么会忘了这么重要的一个环节呢？

于是我宣布，以后咱就把这个环节给免了。自然而来，自然而去，别落了俗套。更何况，我也受不了那拖着长音的问候声，总觉着里面多多少少掺杂着些许的无奈和应付。

下课，也免了，到哪儿算哪儿，想问候的，单独来。夹着课本往办公室走，后面几个学生嘀嘀咕咕：这老师，有点不像老师。

教了十几年学，上了千万节课，却越来越不知道课到底该怎么上了。这模式，那理念，还没来得及看清楚，就一闪而过看不到身影了；搬桌子，拆讲台，教室一天一个样儿，那变化比变脸快得多；投影仪，多媒体，高科技进了课堂，知识成了供人欣赏的 MTV……课堂越来越花哨，效率却越来越低；教育越来越复杂，却离学生越来越远。

没有了程序繁杂的环节，这课堂还像课堂？没有了绚烂的模式来装点，这教育还像教育？在每个人的心里，这样的疑问或许出现不是一两次。

很偶然的机会，读了日本童话作家小川未明的童话《老爷的茶碗》，颇喜欢，至今还记得故事的大意：一家技艺精湛的陶艺作坊接下了给高贵的大"老爷"制作茶碗的活儿，陶匠自然是拿出了看家的本领，竭尽全力地制作出了一个又轻又薄又讲究的精致茶碗，"老爷"却从此必须忍受着茶碗传热太快而烫手的痛苦。一次，"老爷"到山间旅行，住在了山民家里，吃饭用的是粗重的餐具。茶碗很厚，一点儿也不烫手，碗里的热汤喝下去浑身暖暖的，十分舒服。"老爷"由此得出一个结论：制作厚重而实用的茶碗的陶匠是最值得尊重的，因为他懂得茶碗是用来盛热茶或热汤的，而不是用来观赏和把玩的。

在陶匠看来，所有的陶器都应该以轻、薄为贵，又重又厚的就不算是好茶碗。但在"老爷"看来，不烫手，能把热汤喝下去的茶碗才是最好的茶碗。我们姑且可以把自己看成故事中的陶匠，那我们的课堂到底是应该刻意追求理论上的"轻薄"，还是应该慎重考虑适合学生的"厚重"？我们的教育到底是为了制造高深玄妙的唬人理论，还是为了让学生顺利地把"热汤"喝到肚子里？这真的是值得我们思考的问题。

最后，老爷语调平稳地对陶匠说："你是一个有名的陶匠。可是，你须懂得，不管陶器做得多好，没有一颗与人方便的心，实际上等于零。"

不管你的课堂多么华丽，不管你的教育多么绚烂，如果没有一颗为了学生的心，实际上真的是等于零，甚至是负数。同样，如果有了一颗为学生的心，你像不像老师，其实也并不重要。

心中有什么很重要

周末，参加了一所学校的教育管理论坛。论坛上，几位优秀教师介绍了自己的管理经验，其中一位老师讲的一个小故事引起了我的思考。

为了培养学生的自我管理意识，每天的午自习这位老师都会让值周班长负责自习纪律，自己只是时不时地在教室外面观察一下，只有发现违纪学生的时候才会亲自处理。有一次，他透过玻璃窗看见小A低着头，两只手放在桌洞里正在摆弄什么。从小A两只手的动作和紧张兮兮的样子，这位老师确信，小A一定又在玩手机！这个家伙有过N次在课堂玩手机的案底了，怎么还是屡教不改呢！老师的怒火控制不住了，猛地推开教室的门，大喝一声："小A，快把手机拿出来！"但是小A一脸无辜的样子，断然否认自己在玩手机。老师想，这又是他的老伎俩，顽抗到底、强词夺理，这一次一定不能饶了他！于是，老师决定来个"人赃俱获"——他让小 A 站起来，便开始搜桌洞。可是什么也没有搜到。小 A 明显很愤怒，生气地把自己的口袋一一翻了出来，让老师查看。经过一番理论，老师发现真的是自己错了，小 A 并没有玩手机，只是无聊地摆弄桌洞里的课本打发时间而已。

　　演讲的最后，这位老师描述了自己给学生道歉的过程，并以学生对他的谅解作为结束。这是一位中年教师，教育管理经验很丰富。他讲这个故事是为了说明教师要敢于承认自己的错误，冤枉了学生，就要向学生道歉。从这个角度上来说，这位老师算得上是一个开明的、敢于面对自己的好老师。但是，这个故事有更值得我们深思的地方，那就是为什么他会断定这个学生在玩手机。会后与他交流，他坦率地说是因为经验，很多老师喜欢凭经验判断事情，他也不例外。

　　其实，这远不是经验的事情，有一个故事似乎更能说明这个问题。宋代大文豪苏轼非常喜欢谈佛论道，和佛印禅师关系很好。有一天他登门拜访佛印，问道："你看我是什么？"佛印说："我看你是一尊佛。"苏轼闻之飘飘然。佛印又问苏轼："你看我是什么？"苏轼想难为一下佛印，就说道："我看你是一坨屎。"佛印听后默然不语（也许是气得说不出话）。于是苏轼很得意地跑回家，见到苏小妹，向她吹嘘自己今天如何一句话噎住了佛印禅师。苏小妹听了直摇头，说道："哥哥你的境界太低，佛印心中有佛，看万物都是佛。你心中有屎，所以看别人也就都是一坨屎。"心中有什么，你看到的就是什么，而你想到的和看到的一定会影响你理性的判断，并进而促成你的行为和实践，这或许才是我们经常"冤枉"问题学生的真正原因。

　　对于教师来说，心中有什么很重要。如果心中只有分数，你看到的就是排名和奖励，你的教育行为就难免急功近利；如果心中只有整齐划一的秩序，你看到的就会是一个乱糟糟的班级，你的教育行为就难免粗暴简单。一些根深蒂固的东西，让我们有了这样一种教育假设：学生是有问题的，学生是有惰性的，学生是不愿意学习的，学生是不愿意积极进取的，学生是缺少自制力的……在这种教育假设状态下，我们就认为学生有很多问题需要纠正，学生必须得到我们的督促和监督，学生必须在我们的严格管理之下才有可能成长……

　　作为教师，心中有了学生，有了作为完整的人的学生，才有可能拥有正确的教育假设，才有可能形成一股积极的教育力量。换句话说，教育的真正起点也正在于此。

教育，为什么不快乐

　　昨天，参加了一个学校的班主任论坛。在与老师们互动交流时，一位青年班主任问："王老师，我读过您的很多文章，前些天还在《中国教师报》上拜读了您的《教师的幸福》一文，文章说'教育应该是一件很幸福的事'，可是为什么我越来越感觉教育一点儿也不快乐呢？"

　　这让我想起了刚刚看过的一个综艺节目。主持人在采访最草根、最质朴、最纯真的音乐组合"旭日阳刚"时，先播放了他们最初被传到网上，光着膀子唱歌的，也是最终让他们成为网络红人的一段视频，然后问他们："走到今天这个位置，再回首前面的艰辛，有什么想法？"此时的王旭已经是泪流满面、泣不成声，而刘刚则淡淡地说：

"现在不如过去快乐!"是呀,最初的生活是艰辛的,但是他们却是在用心为自己"歌唱",现在的生活应该比过去丰富,但是却掺杂了太多的功利、世俗、无奈以及种种的不得已。从某种程度上来说,他们现在是在"唱歌",而不是"歌唱",这也许就是让他们感觉收获颇丰的今天不如一贫如洗的昨天快乐的原因吧。

我曾经在一篇文章里描写过最初的教育:几个人随意坐在一棵大树下,一位长者侃侃而谈,其他人或颔首称赞或提出疑问,彼此之间各取所需,最后满意而去。后来有了科举,有人在经常坐的地方盖上了房子、围上了院墙,就成了学校。从此,教育有了专门的机构,有了明确的目标,也就出现了戒尺、八股以及所谓的"寒窗苦读",最终教育有了疼痛,丢掉了快乐。教育应该是快乐的,就像王旭、刘刚没有成为"旭日阳刚"之前那样快乐。因为有了功利的追逐,教育失去了很多本真的东西,教育也就不再只是教育,而是一种身份、标志,一个通行证,一种谋取荣耀的手段,才会出现了诸如"范进中举"般滑稽的悲剧。至此,其实教育"祸害"的还只是"读书人"。对于教书人来说,教育是一件清贫却荣耀的东西,做"先生"的感觉远没有今天这么紧张。

前些天,在校园里遇见几个逃课的学生,一问才知他们竟然逃的是"信息技术课",这让我颇感纳闷。这可是学生最喜欢的课呀,逃节语文、数学、英语课那是"天经地义"的,信息技术课怎么也会成了"逃课"的对象了呢?前几年刚刚开设这门课的时候,有老师想讨要一节信息技术课来赶赶数学课落下的进度,结果被学生轰出了教室。当时这门课在学生的心目中那是神圣不可侵犯的,巴不得天天上这门课,谁敢来抢夺这份"幸福"。追问下去,学生的回答很有意思:

"老师，你不知道，信息技术课也要考试了，也要挣分了。"原来，只要一考试，只要有了分数这一紧箍咒，再美好的教育也就成了"罪孽"，成了负担。

最遭殃的还是现在的"教书人"，一方面被称为人类灵魂的工程师，一方面还有人拿着尺子一寸一寸地丈量灵魂的高度。很多人（当然不是教书人）只要谈起今天的教育之痛，总免不了对这些"教书人"数落一番，好像那些分数、考试、评价都是这些"教书人"创造的，是教育的罪魁祸首，其实他们才是真正的受害者，是功利教育的受害者。

教育为什么不快乐，因为教育已经变得不纯粹。

你是否为自己种植了一片橡树林

到一所学校，为老师们做了一场关于教育故事写作的讲座。

一位老师在现场交流中显得异常活跃，对写作问题表现出了浓厚的兴趣。凭直觉，或许他会成为这次讲座之后能够坚持写作的老师之一。往更远了想，或许他某一天的成功，会成为这次讲座最大的收获。

"王老师，我最后想问一下，你说的教育故事发表后晋职称能用吗?"在询问了一些杂志的投稿邮箱及编辑的联系方式后，他很郑重地问。

"不能，据我所知，现在晋职称用的都是比较正式的论文，教育故事是不能作为论文使用的。"这个问题几乎在每次讲座之后都会有人问，只不过不是在现场，而是在 QQ 上交流的时候，像他这样在现场直接发问的还是第一人。

"那还写个什么劲儿呀！发表了也没有什么用。"原本眼中熠熠的光芒在瞬间消失，一种失落迅速写在脸上。而我的那些关于他的美好猜想也随之消失。

在很多人看来，教育写作的目的就是这么现实：发表，晋职称加分。他的问题明显引起了一些老师的共鸣，底下有人在窃窃私语，有人开始合上笔记本，打着哈欠做欲离开状。于是，我为老师们讲了下面一个故事：1985 年，英国牛津新学院在校园建筑工程检查后发现，有 350 年历史的学校大会堂，安全性已经出了问题。20 根由巨大橡木制成的横梁，已经风干朽化，失去了支撑的力道，必须抽换才行。校方请人估算了将梁木更新的成本，由于那么巨大的橡木已经很稀少了，预估每根横梁要花 25 万美元，才能完成修缮工程，但也没把握能找到那么大的橡树。面对巨额修缮费用，校方焦头烂额，若不募款，恐怕没有办法进行整修。这时，却有个天降的好消息化解了危机，园艺所负责人前来报告：在 350 年前，设计该大会堂的建筑师，已经想到后代会面临的困境，所以早早请园艺人员在学校所拥有的土地上种植了一片橡树林，现在，每一棵橡树的尺寸，早就超过了横梁所需。在 350 年后，那位不知名建筑师的远见成就了他的作品新的生命，他的用心更是让人肃然起敬。

也许，教育故事的写作并不像论文那样给我们带来即时的利益，也不像讲课比赛一样给我们带来炫目的荣耀。对于很多人来说，以文字取暖的追寻本就是一种孤独的行走，写作也只能是一种寂寞的耕耘。但那些散发着温情的教育故事，却可以在喧嚣与浮躁中为我们留下宁静的一隅，让疲惫的心灵能在其中得以安顿，给我们一个倾听的机会，倾听我们内心深处真实的声音。

如果，我们的教育是在构建一座牛津式的大会堂，那么教育写作就是在为它栽种一大片橡树林。真的值得我们追问的，其实就只有一句话：

教师，你是否为自己种植了一片橡树林？

后记：因为文字

我一直在做这样一个假设：如果没有文字，我现在会是什么样子？

长期工作在农村，没有外出学习的机会，鲜有专家学者的引领，就连身边的榜样也很难找到，这种长期的封闭生活，很容易让一个人变得目光短浅。如果没有文字，我或许会成为一个"享受"生活的人，踏着上课铃声而来，伴着放学铃声而去；热衷于办公室里你来我往的闲聊，倾心于朋友间觥筹交错的热闹。是文字，让我与这些生活保持了至少一本书的距离，让我不致过于浅薄；是文字，让我在这个众声喧哗的时代没有随波逐流，让我没有轻易放弃或者随意改变。

我算是见过"学困生"比较多的老师。在农村工作的十四年，我曾有十年送走九届毕业生的经历。那不仅是因为不断捡拾了别人丢下的"乱班"，还因为我持续带过五届复读班。这种充斥着各种问题生的班级，更容易让人因责任而忘记教育的本意。如果没有文字，我或许会成为一个合格的管教，在几近苛刻的管理和冷漠的压制下，一点点忘记人性的爱怜和感动。是文字，让我不仅看到了学生的顽劣，更看到了顽劣后面隐藏着的怯弱与无可奈何；是文字，不仅让我看见了不及格的分数，更让我看见了试卷背后的那些失落与苦苦挣扎。

这样的假想还会有很多，但总起来说，文字让我看见了教育背面更贴近本质的一种现实，在这种现实里，除了理性的深刻以外，还有对教育的顿悟。

其实，文字的价值还不止于此。

有幸结识著名教育人、《当代教育家》杂志总编辑、北京亦庄小学校长李振村先生，也是缘于文字。一个下午，我的 QQ 里出现了一条好友申请的附加信息："我是老乡李振村，喜欢您的文字。"在那一刻，我无比幸福：这样一个教育界的风云人物，竟然会喜欢我的文字！他给了我很多的鼓励："刚刚看了你的博文。精短，一事一议，质朴实在，视角独特……坚持下去，你必成大家！"后来，我开始从事学校德育管理，他又强烈建议说："希望你能继续做班主任，这样你才能有源源不断的故事和智慧。"正是因为李老师的建议，在我到教体局工作之前，我一直都在坚持做班主任工作。

刚刚写完这本书时，恰逢好友梁好老师的新书出版。在和他交流出书的事情时，他向我推荐了"教育发现"书系，并把我介绍给出版社的马明秀老师。当我把书稿通过 QQ 交给马老师后，仅仅半天的时间就收到了马老师的回复："这本书我们将列入 2015 年出版计划，并且是常规出版。"在这个自费出版几乎成为常态的大环境里，我的这本书能够得以常规出版，除了书系和出版社一贯扶持作者的高尚品格外，或许也是因为文字的缘故吧！一路走来，总会有那么多的人因为文字，或者通过文字，带给我温暖和鼓励。他们都是我的贵人。

有人说，文学最重要、最实质、最核心的作用就是：macht sicht-bar（德语），意思是"使看不见的东西被看见"。我想，文字也是，它既可以使你"看见"，也可以使你"被看见"。

从这个意义上来讲，文字，是所有写作人的贵人。

2015 年 1 月 14 日夜

读者说：为生命擦亮一些日子

《寻找不一样的教育》这本书，是名师工作室的共读书目。我们用了将近一个月的时间，一起完成了整本书的阅读，书中文字引起了工作室所有人深深的共鸣。

文字治愈了我抱怨的情绪

王老师长期在农村工作，没有外出学习的机会，鲜有专家学者的引领，就连身边的榜样也很难找到。王老师在书中说："被刺痛，才会有挣扎的渴望。"王老师当时的心境，我虽然无法完全感同身受，但是我完全可以共情。因为在我的职业生涯中，也经历了很长一段时间的彷徨、困顿、失落乃至迷茫。

刚参加工作时，我带着对这份工作的热爱，向学生讲述着人世的多姿与美丽，并沉醉其间。那时的我，喜欢校园的静谧与欢腾，喜欢和孩子们一起嬉戏，喜欢每学期开学的第一课，向每个渴求知识的孩子讲新学期将要学习的新内容，同他们一起憧憬新学期……总之，那时的我对工作充满了希望与干劲。后来，我慢慢地发现同事中经常有人去参加各种比赛，获得各项荣誉，而我却是在公布获奖名单之后才知情。我渐渐明白了并不是所有的赛道都向所有的老师开放。

我清楚地记得，有一次校领导给我打电话让我去参加演讲比赛，领导说不要有负担，学校的意思是只要有人参加就行了，当时学校里经常参加比赛的老师都不在本地。虽然那次比赛我得了市级的最高奖项一等奖，但是我并不开心，因为我始终觉得自己只是学校在"找不到人参加"时，才被迫选用的候补队员。并且，从那以后我再也没有接到过类似的电话，我更加坚定地有了一种"好平台都是他们的，我什么也没有"的情绪。那时的我没有去欣赏同事们的优点，没有反思为什么有些平台只对他们开放，而只是抱怨工作中的不公平。我对工作开始变得消极而怠慢，被抱怨蒙住了心神，整日生活在满腹牢骚的颓废中。

一个平常的夜晚，在读完《寻找不一样的教育》后，我开始拿起笔，像王老师一样在本子上记录自己和学生之间的点点滴滴，记录自己上课的种种想法……写着写着，我发现自己的内心变得平静了；写着写着，我察觉自己也没有时间再去埋怨工作中的种种不公了。

文字助力了我成长的拔节

王老师发表的第一篇教育叙事，为他打开了一个崭新的世界，持续的教育写作让他开始以研究的心态重新审视过去的教育生活，开始关注那些司空见惯的教育细节，开始探寻每一个班级故事里丰富的教育内涵。文字让他找到了教育的出口，他也在对文字的执着中收获了教育的成功。我想说，文字同样助力了我成长的拔节，真的就像王老师说的那样：教育写作这个平台很开放，很包容，谁都可以进入，谁都可以拥有。更重要的是，写着写着，我的心态变了，教育的焦虑少了，开始了反思觉醒、躬身践行的过程。

星光不负赶路人，江河眷顾奋楫者。在不断的写作中，我的文章也开始发表。自2017年11月发表了《在规则的脚印里种花》以后，我开始驶入写作的快车道：班级里发生的小事件，被我写成了教育叙事；课堂上频频出现的小插曲被我写成了教学反思；教育中优秀的实践经验，被我写成了专业论文……从2017年至今，我发表了三十多篇文章。这些文章，无不记录着我的喜怒哀乐，无不凝聚着我的所想所思，无不展现着我的成长与快乐。

文字为我擦亮了生命中的一些日子

像王老师一样，我把教育叙事应用到班级管理中，应用到家校合作中，应用到课堂教学中。就这样，通过文字，我与家长建立了良好的关系，走进了学生的内心，课堂教学也越来越轻松。因为文字的发表，我有幸成为中原名师晁明芳名师工作室的核心骨干成员，因为文字的发表，我参与了河南省家庭教育指导手册小学低段的编写。

王老师在书中说：职称，永远是中国教育的痛，也是绝大多数教师的伤。我在三十八岁时就评上了副高职称，这一切也是因为文字提高了我的影响力，提升了我的知名度。

王老师在书中还说，如果没有文字，他或许会成为一个"享受"生活的人，踏着上课铃声而来，伴着放学铃声而去；热衷于办公室里你来我往的闲聊，倾心于朋友间觥筹交错的热闹。我要说，如果没有文字，我整日不是在抱怨就是在抱怨的路上；如果没有文字，我可能痴迷于同事间家长里短的讨论。

文字是我的贵人，让我对教育有了更加深刻的思考，也为我擦亮了教育生命中的一些日子。

（河南省鹤壁市鹿鸣小学　王海燕）

教育
发现

教育
发现